KB062167

**소크라테스 씨,
나는 잘 살고 있는 걸까요?**

# 소크라테스 씨,
## 나는 잘 살고 있는 걸까요?

허유선 지음

생각의 동반자, 소크라테스와 함께하는 철학 수업

프롤로그

# 우리에게 소크라테스가 필요한 이유

철학은 '내'가 '세계'를 생각하는 일이다. 그런 의미에서 철학은 자신이 경험한 세계를 검토하고 이를 바탕으로 살아가려는 모든 사람들에게 필요하며, 누구나 할 수밖에 없다. 그러나 모두에게 필요하고 누구나 할 수밖에 없다지만 막상 '철학(哲學)'이라고 하면 어렵고 막연하게만 여겨진다. 왜일까? 철학을 하고 싶어도 어디서부터 어떻게 시작하면 좋을지, 내 삶과 철학이 어떻게 연결되어 있는지 알기 어렵기 때문이다.

대개 잘 모르는 분야의 일을 시작할 때는 해당 분야의 전문가가 나서서 안내해주면 적응이 쉽다. 그래서 문득 '철학에도 그런 안내자가 있으면 어떨까?' 하는 생각이 들었다. 안내자는 기왕이면 이론과 실천, 양측면에서 모두 출중하고, 모르거나 궁금한 것을 물어볼 때도 어렵지 않게 알려줄 수 있는 친절한 전문가라면 좋을 것이다. 철학을 시작하려 할 때 그런 사람이 옆에 있다면 의지할 수 있어 참 좋을 텐데. 다행히 기나긴 철학사 안에 마침 그러한 조건에 딱 들어맞는 사람이 있다. 바로 인류의 스승 소크라테스(Socrates)다.

인류의 지성에 초석을 놓은 소크라테스는 철학 전공자가 아닌 사람들에게도 가장 잘 알려져 있는 철학자다. 그는 서양철학의 지향점, 방법론, 태도 등의 정수를 담은 존재이기도 하다. 서양철학의 상징인 셈이다. 그런데 놀랍게도 소크라테스 자신은 단 한 줄의 글도 남기지 않았다. 그는 글이 아니라 대화를 통해서 철학했고, 철학함이 곧 자신의 삶이었다. 그래서 소크라테스는 그를 따르는 사람들이 남긴 기록을 통해서만 존재한다. 기록으로만 남은 소크라테스는 수천 년간, 그리고 오늘날에도 여전히 많은 사람들에 의해 계속해서 되살아나고 있다. 아마도 소크라테스가 스스로 생각함으로써 자신의 삶을 반성하고 음미하며 좋은 쪽으로 나아가려는 모든 사람에게 훌륭한 본보기이자 안내자이기 때문일 것이다.

소크라테스는 길을 찾는 모든 이들에게 귀를 기울였다. 그러나 그들에게 무언가 답을 주지는 않았다. 대신 길을 찾는 사람들과 대화하면서 그들과 함께 생각했다. 소크라테스는 대화를 통해 사람들이 적절한 생각법을 경험하고 스스로 터득하게 함으로써 그들이 이미 갖고 있던 생각의

프랑스 화가 자크 루이 다비드가 묘사한 독배를 마시기 직전의 소크라테스. 왼쪽에서 침울하게 고개를 숙인 사람이 플라톤이다.

잠재력을 발휘하게 했다. 덕분에 그와 대화를 나눈 이들은 스스로를 가뒀던 편견, 독단, 오류에서 벗어나 더 자유롭게 더 넓은 세계를 만날 수 있었다. 소크라테스는 사람들이 철학적 지식을 소유하는 것이 아니라 철학할 수 있기를 원했다. 철학은 스스로 생각하고 자신의 생각을 검토하는 활동이며, 이런 활동이 없고서는 삶을 좋은 방향으로 꾸려나갈 수 없기 때문이다.

이제 막 철학을 시작하려는 사람들이 이 분야의 전문가인 소크라테스를 만나 대화를 나누고, 스스로 철학하는 법을 익힐 수 있다면 어떨까? 이 책은 그러한 생각에서 시작되었다. 따라서 소크라테스를 생각의 동반자로 삼아 스스로 철학하는 법을 익히는 것을 가장 큰 목표로 삼는다. 소크라테스와 함께 단계적으로 적절한 질문법과 생각법을 익히고, 나의 일상 속에서 철학하는 데 익숙해져보자. 또한 이 책은 철학의 기초와 철학 문헌 및 서양철학 전반에 접근하고 이해하기를 원하는 사람들에게도 적절한 시작점이 될 것이다. 무엇보다 소크라테스와의 대화를 통해 철학이 진실한 삶과 떨어질 수 없고, 철학하는 일이 우리를 자유롭게 하는 기쁘고 놀라운 모험임을 느낄 수 있으면 좋겠다. 소크라테스의 철학과 삶이 그랬던 것처럼.

허유선

# 차례

## 1장 ——— 철학의 시작, 소크라테스를 찾아가다

"지혜는 호기심에서 나온다."

_ 소크라테스

# 1장

## 철학의 시작,
## 소크라테스를 찾아가다

# 나 이대로 괜찮은 걸까?

**어떤 고민과 비약: 철학의 시작**

"제가 잘하고 있는지 확인되지 않아서 초조하고 불안해요. 저 스스로 어느 정도인지를 모르니까요. 저 지금 잘하고 있는 걸까요?"

어느 날 대학원생이 내게 물었다. 나도 비슷한 감정을 느끼면서 대학원 생활을 했기에 그냥 지나칠 수 없었다. 어떻게 말해야 지금의 너에게, 그리고 앞으로의 너에게 조금이라도 도움이 될 수 있을까? 어떻게 대해야 내가 그저 너에 대해 다 아는 척하는 게 아니라는 걸 알게 하고, 너 스스로 자신을 위한 마음의 여백을 만들도록 도울 수 있을까? 실제로 도움을 줄 수 있다는 확신은 없었지만 최소한 마음은 그랬다.

그런데 시간이 흐른 뒤 다시 생각해보니 간절히 도움이 되고 싶었던 내 마음은 상대를 위한 것이기도 했지만, 동시에 내 자신을 위한 것이기도 했다. 나도 나 자신에게 늘 비슷한 질문을 하고 있었기 때문이다.

나 이대로 괜찮은 걸까?

우리는 모두 비슷한 질문을 품고 있다. '잘하고 있는 걸까?' '이대로 살아도 괜찮은 걸까?' 어떤 사람은 자주 혹은 내내, 어떤 사람은 인생의 특별한 사건이나 시기를 맞이할 때만, 어떤 사람은 그보다 더 드물게 질문하곤 한다. 제대로 된 답은 얻지 못해도 살아가면서 한 번 이상 비슷한 질문과 마주한다는 것만은 명백하다. 불안한 마음에 지금 내가 가는 이 길이 맞는지 누군가에게 물어서 확인하고 싶은 걸까? 마음속 불안이 커질수록 그러한 물음도 커져간다.

그런데 자기 자신의 의문에 스스로 답하기란 참 어렵다. 최소한 나는 그랬다. 나는 내게 물음을 던진 대학원생에게는 이런저런 이유와 함께 "넌 잘하고 있어. 괜찮아. 걱정하지 마. 꾸준히 하던 대로 하면 돼."라고 말했지만, 막상 그 말을 나에게는 해줄 수 없었다. 단순히 스스로에게 좋은 말을 하기가 낯간지러웠기 때문일까? 그보다 '어떤 대답이든 하기 어렵다.'라는 쪽에 더 가깝다.

철학 강의를 하고 있다는 이유 때문인지 나는 종종 이러한 물음에 대한 고민을 함께 나누고 싶어 하는 학생들을 만난다. 그때마다 정답은 아닐지

언정 가능한 한에서의 애정, 그리고 납득할 수 있는 이유와 함께 대답을 내어놓곤 했다. 하지만 정작 나 자신에게는 무어라 명쾌한 답변을 제시할 수 없었다. 겨우 대답을 찾아내더라도 스스로 납득하기는 어려웠다.

남의 말은 본래 하기 쉬운 법이기 때문일까? 그러나 남에 대해 말하기는 쉽고 자기 자신에 대해 말하기는 어렵다고 인정해도, 내 물음에 답하지 못한다는 사태가 해결되지는 않는다. 나는 잘하고 있는지, 이대로 살아도 괜찮은 것인지에 대한 의문은 여전히 남아 있다.


## 풀리지 않는 질문,
## 비약으로 나아가다

문제가 해결되지 않은 채로 다시 자신에게 돌아오는 일이 반복되면 우리는 초조하고 불안해진다. 대답해서 해결하고 싶은 열망은 강렬한데, 그 열망이 해소되지 않고 도돌이표처럼 의문만 되돌아오기 때문이다. 해소되지 않은 열망은 더욱 뜨거워진다.

나 같은 경우, 나는 정말 나를 돕고 싶었다. 잘하는 쪽으로 가고 있다고 스스로를 다독이며 확신하거나, 그것이 아니더라도 문제를 파악해 잘하고 있는 쪽으로 나아가고 싶었다. 그러나 어떤 대답도 찾을 수 없었다. 풀리지 않는 물음은 풀리지 않는다는 이유로 잠시 잠잠해졌다가, 바로 그 이유로 다시 더욱 강력해져 내 앞을 가로막았다. 가로막힘이 반복되자 나의 마음은 갑자기 땅을 박차고 구름 위로 튀어 올랐다.

진짜 괜찮은 거야? 내 인생 정말 괜찮은 거야?

아니, 괜찮지 않다. 나는 이미 길을 잘못 들어섰다. 처음에 나는 내가 잘하고 있는지를 물었고, 그다음에는 내 스스로 그에 대해 답하거나 확인해줄 수 없다는 사실을 발견했고, 그래서 어째서 그런 것인지를 더듬어보는 중이었다. 그런데 나는 어느새 나의 인생 전체, 나라는 인간 전체를 눈앞에 두고 무언가를 판가름하게 되었다. "내 인생 정말 괜찮은 거야?"라고. 나는 그저 지금의 내가 잘하고 있는지를 묻고 싶었을 뿐인데, 길을 잘못 들어 갑자기 내 인생이 문젯거리가 되었다. 이 길로 가면 끝도 없이 요동치는 마음의 롤러코스터를 타게 될 것이 뻔했다. 그리고 아마도 그 말로는 좋지 않을 것이다.

이전 단계에서 급작스럽게 튀어 오르는 것, 이것이 바로 '비약(飛躍)'이다. 인간의 마음은 평소에 자신이 짐작했던 것 이상의 놀라운 능력을 발휘할 때가 있다. 특히 부정적이고 답을 찾기 어려운 질문에 사로잡혀 있는 경우에 그렇다. 나는 내가 만든 질문의 거대함에 숨이 막혔다. 그렇지만 나의 마음은 멈추지 않았고, 마음의 롤러코스터가 나아갈 궤도가 저절로 그려졌다.

일종의 예고편이었다. '내 인생 괜찮냐고? 어, 내 인생은 말이지….' 아직 고민은 본격적으로 시작도 안 했는데, 그저 앞으로 어떤 경로로 나아갈지를 그려봤을 뿐인데 나의 마음은 번뇌로 가득 찼다. 그래서 나는 그 비약을 그대로 진행하는 대신 잠시 멈추기로 했다. 불안감에 가득 찬 대학원생이 그러했듯이 나에게도 마음의 여백이 필요했다. 나는 생각하기 시작했다.

## 생각의 시작,
## 철학의 시작

어째서 나는 타인의 물음에는 곧잘 답하면서 내 물음에는 답하지 못하는 걸까? 타인의 질문과 나의 질문이 다르기 때문일까? 다르다면 어떻게 다른가? 생각의 흐름은 아주 길게 이어졌다. 그 끝에서 나는 또 다른 질문과 만났다. 어쩌면 나는 정말 몰라서 물어보는 것이 아니지 않을까? 이 물음이 과연 대답 가능한 물음일까? 아니라면 그런데도 왜 나는 이 질문을 포기할 수 없을까? 답하기 어려우면 어려운 것으로 그저 내버려둘 수도 있었을 텐데.

이 물음은 나에게는 절실한 물음이었다. 이 물음은 내가 살면서 튀어나오는 물음, 살아 있기 때문에 튀어나오는 물음이었다. 그래서 무조건 틀어막을 수는 없고 그렇다고 대답하기도 어려웠다. 그러나 어떻게든 처리하지 않으면 나의 마음은 대답할 수 없다는 욕구 불만족과 하나도 모르겠다는 혼란으로 점철된 번뇌의 롤러코스터를 타게 될 것이므로, 나는 생각하기 시작했다.

생각은 그렇게 시작된다. 우리가 생각한다고 믿는 대부분의 것은 이미 듣거나 본 것, 생각했던 것의 반복 재생에 가깝다. 생생하게 움직이는 생각은 우리가 피할 수 없는 것과 마주쳤을 때 일어난다. 꼭 부정적인 경우만이 아니라 태어나 처음 보는 무지개, 처음 느끼는 사랑과 같은 강렬한 감정 앞에서도 일어날 수 있다. 그런 것들을 마주하면 우리는 잠시 말문이 막힌다. 잠깐 멈추었다가, 곧 억누를 수 없는 생각이 펼쳐진다.

도대체 이건 뭘까? 지금 이 느낌은 뭘까? 왜 이렇게 느끼는 걸까?

우리는 그러한 생각에 그저 휩쓸릴 수도 있지만 잠시 멈출 수도 있다. 습관처럼 굴러가던 마음의 흐름을 잠시 멈추고, 최초에 마음을 움직인 그 무언가를 다시 찬찬히 바라보는 일이 바로 생생한 생각이다. 그리고 이것이 철학의 시작이다.

나는 피할 수 없는 것을 마주했고, 그래서 그에 대해 생각해보기로 한다. 떠오르는 상념들에 그저 쓸려가거나 기억의 반복 재생에만 머물지 않는 생생한 생각을 펼치기 시작한 것이다. 생생한 생각은 비약으로의 휩쓸림, 특히 부정적인 비약으로 기우는 나의 마음을 멈추어 붙들고, 처음 마음이 가려던 길 외에 다른 길을 그려보게 한다.

우리는 멈추어 바라봄으로써 자신이 지금 있는 곳, 관계하는 것, 하려고 하는 것이 무엇인지 보게 되고 다른 길을 고려할 수 있게 된다. 그 과정은 때로 어렵고 괴로우며 잠시간의 멈춤, 숨죽임을 요구한다. 그러나 이는 그저 그대로 움직이지 않거나 삶을 멈추고 그 자리에 못박히게 하기 위해서가 아니라, 나의 삶에서 마주한 것이 무엇인지 밝히고 그와 잘 관계하며 살아가기 위한 부단한 움직임이자 활동이다.

철학의 기초는 이처럼 생생한 생각, 그리고 삶에서 시작한 생각을 삶으로 되돌리는 생각 활동에 있다. 결국 생각도, 철학도 정지된 결과물이 아니다.

# 철학함의 길로 나아가다

**삶의 문제와 관계하다**

생생한 생각이 곧 철학의 시작이다. 그래서 많은 사람들은 책 속의 철학을 배우지 않아도 이미 철학을 하고 있다. 그러나 우리는 시작만을 원하지 않는다. "천 리 길도 한 걸음부터" "시작이 반"이라고 하지만 정말 한 걸음으로 다 되었다고 만족하는 사람은 없다. 시작만으로 완성되는 것은 없기 때문이다. 억누를 수 없고, 그렇다고 포기할 수도 없는 물음을 생각하기 시작했다면 더욱 그렇다.

피할 수 없고, 억누를 수 없는 물음은 내 힘으로 통제되지 않는다. 그래서 사람들은 가능하면 자신의 삶에 복잡한 질문을 던지지 않고 살아가려

애쓴다. 그게 편하기도 하고, 당장 먹고 살기가 바빠서 그러한 질문을 생각할 여력이 없기 때문이기도 하다. 피곤하고 불편해도 하던 대로 흘러가는 편이 제일 쉬운 법이다. 안 하던 일을 하는 것, 하던 것을 달리 바꾸는 데는 큰 에너지가 소요된다. 그렇지만 우리는 불쑥불쑥 자신도 예상하지 못했던 시간과 장소에서 스스로에게 묻게 된다. 이렇게 살아도 괜찮은 건지, 이게 맞는 건지, 내가 제대로 살고 있는 건지, 왜 나만 이런 고민을 하는 건지. 통제할 수 없는 생생한 물음이란 그런 것들이다. 문제는 그다음이다.

## 철학하고 있어도
## 철학이 필요하다

생각을 시작했어도 그다음은 장담할 수 없다. 우리는 새가 날갯짓을 배우듯 자연스럽게 생각을, 철학을 시작하지만 생생한 생각을 펼치다가도 금세 잡념에 빠진다. 잡념은 기억의 저장고에서 튀어나온 마음의 그림 같은 것이다. 어디선가 보고 듣고 겪어 어느 순간 불쑥 떠올릴 수야 있지만, 지금의 문제나 생각에 적절한 관련이 있는지는 검토해볼 필요가 있는 마음의 그림.

덕분에 우리는 처음의 물음과 거리가 먼 곳에서 헤매거나 늘 하던 식으로 생각하는 습관을 반복하곤 한다. 도대체 생각과 잡념은 어떻게 구분하고, 나의 물음에 관련 있는 생각은 어떻게 구분해야 할까? 이런 물음들로 인해 사람들은 이미 철학을 하고 있는 한편, 철학을 필요로 한다.

철학은 통제할 수 없는 생생한 생각을 어떻게 다루면 좋을지를 보여준다. 하나의 학문으로서 철학은 그런 물음을 체계적이고 깊이 있게 다루는 방법과, 그러한 생각 활동에 오롯이 힘을 쏟았던 생각 전문가들의 생각 과정 및 결과물을 보여준다. 그러므로 철학은 우리의 생각 활동 전반에 대한 생각함이다.

## 철학의 끝은
## 문제의 해결일까?

그렇다면 철학을 배우면 나의 어쩔 수 없는 물음들이 정답을 찾을 수 있는 것일까? 철학이 내 간절한 물음에 확실한 답변을 찾아서 문제를 해결해주는 것일까? 우리는 대개 시작이 있다면 끝이 있으리라 기대한다. 시작된 생각이 철학을 만나면 우리는 어떤 끝을, 결과를, 마무리를 맞이하게 될까?

여러 학문의 전문가들과 함께 문제를 논의하는 학술대회에 참석한 적이 있다. 학술대회의 주제는 철학이 아닌 다른 학문 분야에 속했지만, 그 문제의 적절한 이해와 대응을 논하기 위해 발표자와 토론자에 철학자도 포함되었다. 치열한 토의를 마무리할 무렵, 철학 전공이 아닌 한 발표자가 이렇게 소감을 밝혔다.

"우리끼리만 논의하다가 우리만 있어서 해결되는 문제가 아니라는 생각이 들었습니다. 그래서 다른 영역의 선생님들과 함께하는 자리에 대한 기대가 컸죠. 특히 철학 영역의 선생님을 모셨으니 그간 우리가 미처 생각 못한 답을 얻을 수 있지 않을까 기대했습니다. 그런데 막상 함께한 이후 문제가 더 복잡해진 것 같은 기분이 드네요."

철학을 비난하는 의미는 아니었다. 정말 문제를 해결하고자 하는 마음에서 우러나온 아쉬움이었다. 그 기대를 배반하는 일은 안타깝지만 기대 자체가 애초에 성립 불가능한 것이었다. 철학자는 해결사가 될 수 없다. 철학은 문제를 해결해주는 학문이 아니기 때문이다.

철학은 해결이나 정답을 약속하지 않는다. 철학이 그런 것과 전혀 상관없다고 말할 수는 없지만, 그런 일을 한다고 말할 수도 없다. 철학은 '문제를 깨끗하게 해결해드립니다!'와 같은 명쾌한 엔딩과는 거리가 멀다. 철학을 통해 세상의 모든 물음에 대해 생각해볼 수 있지만, 세상의 모든 물음이 다 해결 가능한 물음은 아니기 때문이다. 철학은 할 수 없는 것까지 다 할 수 있다고 약속하지 않는다.

만일 어떤 사람이 '철학'의 이름을 빌어 모든 문제를 해결해줄 수 있다고 말한다면 그 사람은 철학자가 아니라, 철학자로 보이고 싶어 하는 환영술사(illusionist)일 것이다. 그렇다면 도대체 철학은 시작된 생각을 어디로 나아가게 하는 것일까?

## 삶의 문제와
## 관계하는 방법을 생각하다

철학이 해답을 약속하지 않는다고 해서 해답을 찾는 일을 거부하는 것은 아니다. 그러나 철학은 무엇보다 그 물음 자체를 '생각'한다. 답을 찾으려면 질문을 먼저 탐구해야 하는 법이다. 철학은 그 물음이 진정으로 불가피하고 통제 불가능한 것인지, 처음에만 혹은 겉으로만 그렇게 보였을 뿐이고 실제로는 그렇지 않은지 구분한다. 물론 그 구분의 기준과 근거를 생각하는 것 역시 철학의 일이다.

만일 우리 앞에 놓인 것이 피할 수도, 통제할 수도 없어서 완전히 제거하지 못하는 문제라면, 이제 철학은 그 문제를 그 성격에 걸맞게 다루는 방법과 방향을 생각한다. 철학은 그 문제가 제거될 수 없음을 인정하는 방법을 알려준다. 없어지지 않는 것을 없애는 것은 우리가 할 수 없는 일이기 때문이다. 대신 철학은 문제를 안고 살면서 할 수 있는 일을 찾는 방향으로 나아간다. 예를 들어 우리는 인생에서 슬픔이나 불운, 분노를 제거할 수는 없어도 철학을 통해 그들과 잘 관계를 맺는 법을 찾고 배울 수는 있다.

만일 철학이 확실한 답을 주어 그 물음이 종결되기를 기대했다면 실망할 수도 있다. 철학은 그런 것과는 거리가 멀다. 대신 철학은 없어지지 않는 물음에 대해 도망가지 않고 생각을 멈추지 않음으로써, 우리가 어쩔 수 없는 것들과 관계를 맺는 법을 생각하고 그에 따라 시도하고 움직이게 한다. 그리고 우리의 생각과 움직임이 과연 적절한 것이었는지를 다시 생각하게 한다. 철학을 통해 우리는 계속 묻고 생각하며 나아갈 수 있다. 곧 철학은 피할 수도, 제거할 수도 없는 문제와 더불어 살아가는 법을 생각하는 길로 우리를 인도한다.

따라서 맞닥뜨린 어려움을 전부 제거한다는 의미에서 확실한 답변을 요구한다면 철학은 그다지 큰 쓸모가 없을지도 모른다. 그러나 우리가 생각할 수밖에 없지만 해결은 안 되는 물음이 있다는 것을 인정한다면, 시작한 그 자리에만 머무르지 않으려 한다면, 물음을 생각할 때 잡념에 빠져 헤매지 않으려 한다면, 문제가 자신을 짓눌러 살 힘을 앗아가지 않도록 문제와 함께 사는 법을 익히려 한다면 철학은 누구에게나 필요하다.

# 당신의 물음은 무엇입니까?

### 각자의 물음과 마주하자

나의 문제는 "내가 잘하고 있는지, 이대로 괜찮은지 모르겠다."였다. 물론 내 인생의 문제가 그것 하나만은 아니지만, 내게 그 물음은 피할 수 없고 억누를 수 없는 것이었다. 답을 쉽게 찾을 수 없지만 그렇다고 포기할 수도 없었다. 한때는 그 물음에 그럴 듯하게 쓸모 있는 답을 내놓았다고 믿은 적도 있었다. 그러나 여전히 그 물음은 해소되지 않은 채 사라지지 않았다. 경조사에서 마주치는 동창처럼 그 물음은 잊을 만하면 반복적으로 찾아왔다. 그래서 나는 이 물음을 오랫동안 생각했고, 지금도 여전히 이 물음을 생각한다. 단, 처음과는 다른 방식으로.

나는 내게 진짜 중요한 것은 이 물음이 아니라는 의미에서, 이 물음이 일종의 '가짜 물음'인 것을 알게 되었다. 동시에 이 가짜 물음은 내 진짜 중요한 물음이 튀어나오는 다른 방식인 것도 알게 되었다. 그 진짜 물음은 "나는 잘 살고 있는 걸까? 어떻게 살면 잘 사는 것일까?"였다. 나는 지금의 내 상태를 점수 매겨 평가하고 싶은 것이 아니라 그저 간절하게 잘 살고 싶었다. 그 간절함이 닿아야 할 곳을 알 수가 없었던 것뿐이다. 누군가 답을 주기도 했지만 나의 마음은 그 답에 만족할 수가 없었다.

## 다른 방식으로
## 질문하기

나의 물음은 내게 생각하기를 요구하고, 생각하기 위해 멈추어 문제를 바라보게 하면서도 생각 활동 자체는 멈출 수 없게 한다. 내게 철학을 시작할 이유와 필요는 충분한 셈이다. 철학을 한 덕분에 나는 내게 중요한 물음을 구분할 수 있게 되었고, 제대로 대답하지 못하는 나를 비난할 필요가 없다는 사실도 알게 되었다. 그리고 나를 나아가게 하기 위해서는 이 질문을 똑같이 반복하는 것보다 조금 다른 형태와 방식으로 물어보는 게 낫다는 것 또한 알게 되었다. 어찌 보면 긴 시간과 수고를 들여서 '다른 방식으로 질문하기'라는 매우 평범한 자리에 다다른 셈이다. 그러나 애초에 철학은 우리를 이 세상에 없는 꿈의 나라로 데려다 줄 것을 약속하지 않는다. 철학은 언제나 삶에서 생겨나 우리를 삶으로 되돌려준다.

나는 철학함을 통해 너무 익숙해 차분히 검토해본 적이 없었던 내 대답 패턴을 반복하는 대신 그 물음의 의미를 헤아리는 법을 배웠다. 지금 대답하기 어려운 질문에 대해 다른 방식으로 물어보는 법, 다르게 관계하는 법을 익혔다. 그러자 나의 삶의 태도, 나를 비롯한 모든 것을 생각하거나 대하는 방식도 조금씩 바뀌기 시작했다. 물론 그렇다고 그 이후 내가 딱히 잘 살고 있다고 할 수는 없으며 의문이 사라지지도 않았다. 이 물음도, 가짜 물음도 여전히 나를 찾아온다. 나는 그 물음과 그 물음을 묻는 나 자신 사이에서 여전히 서툴게 관계를 맺고, 여전히 길 위에서 있다. 조금씩 달라지는 나의 생각 방식은 확고하지 않고, 그로부터 말할 수 있게 된 것들도 확실하다고 단언하기는 어렵다. 심지어 새로운 생각 방식과 내용은 나를 또 다른 물음과 마주하게도 한다. 나는 여전히 계속 묻고 또 생각하며 살아가는 중이다.

## 각자의 물음에
## 충실하면 된다

가르쳐주지 않아도 자연스럽게 헤엄을 치는 아이가 있는 것처럼, 누군가에게 나의 물음은 금세 대답할 수 있는 사소한 문제일지도 모른다. 나의 물음이 내게는 무척 중요해도 누군가에게는 흐르듯 지나칠 수 있는 사소한 물음일 수 있다. 누군가에게 이 물음은 그리 오래 붙들 만한 것이 아닐지도 모른다. 때때로 '이 문제를 문제 삼는 내가 문제인 건 아닌가?' 하는 생각이 들 수도 있다.

하지만 우리가 모두 같은 길 위에, 같은 방식으로 있을 필요는 없다. 당신은 당신의 물음을 생각하면 된다. 훌륭해지기 위해서가 아니라 계속해서 생각하고 움직이며 자기만의 피할 수 없는 문제와 조금씩 다르게 관계 맺기 위해서. 반사적 반응과 남들이 하는 대로의 대응, 습관의 물고 물림으로만 사는 것이 아니라 스스로 묻고 스스로 생각하는 나 자신으로 살기 위해서.

당신의 물음은 무엇인가? 당신에게 찾아오는 물음은 무엇인가? 당신을 도망치지 못하게 사로잡는 물음은 무엇인가? 사로잡혀 붙잡히는 대신 피하지 않고 계속 나아가고 싶은 그 물음은 무엇인가? 그럴싸한 답변을 내놓아도 도통 해결되지 않는 물음은 무엇인가? 바쁜 일상에 치여 밀어내고 또 밀어내도 머릿속을 떠나지 않는 물음은 무엇인가? 그리고 이제 우리는 그 물음과 함께 어디로, 어떻게 나아갈 수 있을까? 그 물음과 나는 어떤 관계를 맺고, 나는 나의 삶과 세계를 어떤 방식으로 바라보며 관계할 수 있을까?

우리는 저마다의 삶에서 어쩔 수 없이 생각하게 만드는 각자의 물음과 마주한다. 이를 인정한다면 우리에게 우선적으로 필요한 것은 그 생각을 다루는 활동이다. 곧 생각에 대해 생각하는 활동을 배우는 일인 것이다.

그 활동이 무엇이고 어떻게 하는지를 알고, 익히고, 연마하는 일. 우리에게 필요한 것은 철학함을 배우는 일이며 동시에 철학함 그 자체다. 이제부터 함께 철학을 시작해보자.

# 여정의 시작, 소크라테스를 찾아가다

**오리엔테이션의 시작**

철학은 어떻게 하는 것일까? 잘 모르는 무언가를 알고 익히려 할 때 가장 쉬운 접근법은 그 분야의 전문가를 선생님으로 모시고 가르침을 얻는 것이다. 모르는 것을 독학할 때는 무엇부터 시작해야 하는지, 무엇이 정말 중요하고 필요한 것인지조차 알기 어렵기 때문이다. 누군가와 동행하기보다 홀로 길을 찾는 쪽이 자유로울 수는 있지만, 아무래도 이정표라도 있는 편이 보다 편리하다. 한 걸음 더 나아가 이정표가 뜻하는 바를 알고 길을 걷는다면 금상첨화다. 이정표가 있는 길을 걷는다고 해서 내가 스스로 길을 걷고 만들어갈 자유가 사라지는 것은 아니다.

기왕 선생님을 모신다면 아주 훌륭한 선생님을 모시고 싶다. 음악이나 스포츠 분야에서 실아 있는 전설로 불리는 위대한 거장이 원데이 클래스를 여는 일은 흔하다. 유명세는 중요하지 않다. 그 사람이 어떤 분야에 통달한 사람인지가 중요하다. 한 분야의 마스터(master)를 만나면 짧은 만남만으로도 해당 분야에 대한 시각이 바뀌고, 자기 자신을 돌아보며 용기와 영감을 얻을 수 있다. 그렇다면 철학 분야의 마스터는 누구일까? 철학사에 이름을 남긴 내로라하는 철학자들이라면 아마 그 자격이 충분하지 않을까?

## 시공을 넘어
## 선생님을 만나다

만일 과거의 위대한 철학자, 철학의 마스터와 직접 대면할 수 있다면 누구를 찾아가서 무엇부터 묻게 될까? 대뜸 "철학이란 무엇이죠? 철학을 잘하고 싶습니다!"라고 해야 할까? 역사에 이름 남긴 뛰어난 철학자와 직접 조우하는 것은 엄청난 기회지만, 그 철학자의 수업이 초심자가 감당하기에 너무 어려운 수준이라면 도리어 철학이 싫어질지 모른다. 계속해서 철학을 하려는 마음이 꺾일지도 모른다. 자기 자신의 물음과 마주하면서 철학을 시작했으니 거기서부터 천천히 나아가보면 어떨까? 나에게 익숙하고 가깝고 내가 직접 경험하고 매우 필요로 하는 것에서 하나씩,

차근차근. 그렇게 철학하고 철학함을 알아가는 수업은 어떨까?

이제부터 철학 초심자가 자신의 경험에서 스스로 물음을 생각하고, 그로부터 삶에 대한 깊고 넓은 물음과 생각으로 나아가려 할 때 필요한 최고의 전문가를 찾아가려 한다. 마침 여기 그 길을 떠나는 한 사람이 있다. 우리처럼 철학에 익숙하지 않은 초심자(이하 철학도 트라이)와 함께 지금 – 여기, 우리의 삶을 넘나들며 스스로 생각하고 나아가보자.

철학도 트라이와 함께 '시공을 뛰어넘는 철학 수업 신청서'를 작성해보자. 신청 사유는 '나의 문제를 푸는 데 철학이 도움이 될 것 같아서' '철학이 정확히 무엇이고 어떻게 하는지 알고 싶어서' 등 여러 가지가 있을 수 있다.

**디오티마**  철학도 트라이님, 안녕하세요. 지금부터 철학도 트라이님이 신청한 '처음 만나는 철학(이하 처음철학)' 과정을 시작합니다. 우선 신청서를 작성해주세요. 저는 철학도 트라이님의 처음철학 맞춤형 안내자 디-오-티-마입니다.[1] 저를 '디오티마님'이라고 부르시면 됩니다. 처음철학은 생존과 안전, 자유로운 이동과 귀환에 필요한 조치 외에 다른 지침 및 정보는 제공하지 않습니다. 처음철학의 전 과정은 모두 철학도 트라이님의 적극적이고 자발적인 물음과 행동을 통해서만 진행됩니다. 지금은 오리엔테이션 기간입

---

1  편집자주) 플라톤의 『대화편』 중 『향연』에 등장하는 전설상의 인물. 『향연』에서 디오티마(Diotima)는 사랑의 본질에 관한 설을 들려준다. 이 책에서는 초보 철학도를 안내하는 안내자의 역할을 한다.

# 시공을 뛰어넘는 철학 수업 신청서

신청인은 시공을 뛰어넘어 역사 속 철학자를 직접 만나는 철학 수업 중, 초심자용 과정인 '처음 만나는 철학'을 신청했습니다.

- 신청 ID: 철학도 트라이
- 신청 사유(두 가지 이상 적어주세요.)
  1)
  2)

신청인은 처음철학 과정에 대한 설명을 모두 듣고 이해했습니다.
신청인은 자발적으로 해당 과정과 선생님을 선택했습니다.
신청인은 오리엔테이션 기간 내에 선생님을 변경할 수 있습니다(2회 가능).
신청인은 해당 과정을 전부 이수하지 않아도, 원한다면 언제든 다시 일상으로 돌아올 수 있습니다.


신청인은 위 사항에 동의하며, 시공을 뛰어넘는 철학 수업을 신청합니다.


날짜:  년  월  일

서명:          (인)

니다. 선생님을 만나 필요한 정보를 얻으신 후, 마음에 들지 않으시면 해당 기간 내에 선생님을 변경할 수 있습니다. 변경은 2회 이내 가능합니다. 철학도 트라이님은 현재 고대 그리스 아테네에 도착했습니다. 즐거운 여행이 되시길 바랍니다.

## 오리엔테이션,
## 소크라테스 선생님을 만나다

**철학도 트라이**  엇, 죄송하지만 누구신지요?

소크라테스  처음 뵙는 분이네요. 안녕하세요, 저는 아테네의 소크라테스라고 합니다.

**철학도 트라이**  (디오티마가 적극적으로 행동하라고 한 것을 떠올린다.) 선생님, 안녕하세요? 만나 뵙게 되어 정말 기쁘고 영광입니다. 저는 아테네에서 멀리 떨어진 동네에 사는 철학도 트라이라고 합니다.

소크라테스  안녕하세요, 반갑습니다. 어쩐 일로 이곳에 오셨나요?

**철학도 트라이**  선생님, 그게 제가, 저한테 문제가 있어서요. 선생님의 고견을 청하고자 이렇게 먼 길을 달려왔습니다.

소크라테스  그것 참 흥미롭네요. 저는 사실 무지한 사람인데….

**철학도 트라이**  하지만 저는 선생님보다 더 모르는 사람인 걸요. 제가 미리 조사를 해봤어요. 델포이 신전의 신탁이 가장 현명한 사람으로 선생님을 지목

했더라고요. 그리고 선생님은 잘 모르시겠지만, 제가 사는 세계에서 선생님은 세상에서 제일 유명한 철학자이십니다. 그래서 일부러 선생님을 뵙고 가르침을 받으러 왔어요. 부디 함께 이야기 나눌 수 있도록 시간을 내주시겠어요?

**소크라테스**　　먼 길을 오셨으니 잘 대접해야겠죠. 좋습니다, 함께 대화를 나눠봅시다. 그런데 먼저 따져봐야 할 게 있습니다.

**철학도 트라이**　　저, 실례일 수 있지만 따로 강연료나 상담비를 받으신다는 이야기는 못 들었는데…. 신청 받는 곳에서도 추가 비용 이야기는 안 했거든요. 혹시 카드도 받으시나요?

**소크라테스**　　저는 누군가와 돈을 받고 대화를 나누지 않습니다. 따져본다는 말이 오해의 소지가 있었을까요? 그럼 이렇게 말하죠. 먼저 짚어봐야 할 것이 있습니다.

**철학도 트라이**　　네, 선생님. 그게 뭔가요?

**소크라테스**　　자신에게 문제가 있다고 하셨죠?

**철학도 트라이**　　그렇습니다, 선생님.

**소크라테스**　　그 점을 짚어봐야 할 것 같습니다. 그 말은 저를 찾아온 트라이님이 곧 문제, 하나의 문제덩어리라는 의미인가요? 아니면 트라이님이 어떤 문젯거리를 안고 있다는 뜻인가요?

**철학도 트라이**　　그거야 당연히 제가 문제라는 뜻이 아니라, 제가 어떤 문제를 안고 있다는 뜻입니다. 아, 그러고 보니 그런 문제를 문제 삼는 제가 문제인 것 같기도 하고요. 다른 사람들은 제가 고민하는 문제를 그렇게 심각하게 생각하지 않거든요. 저도 왜 이렇게까지 힘들어져야 하나 싶기도 하고요. 그래서 사실 저 자신이 문제인 것 같다는 생각도 많이 했어요.

소크라테스　　무엇이 문제인지부터가 문제가 되네요. 스스로 뭐가 문제인지를 정확하게 말하기 어렵다는 점에서, 제가 트라이님께 한 가지 질문을 드려야 할 것 같습니다.

**철학도 트라이**　질문이요?

소크라테스　　네, 트라이님은 '문제'라는 것을 무엇이라고 생각하시나요?

**철학도 트라이**　(설마 여기서부터 시작이라니. 예상치 못한 되물음에 당황한다.) 아, 문제요? 문제는, 어 그러니까….

이 대화는 고대 그리스의 철학자 소크라테스가 나눴던 대화의 형식을 각색한 것이다. 당신은 '문제'가 무엇인지 잘 답할 수 있는가?

이 대화는 맛보기일 뿐이다. 소크라테스식 대화는 계속 이런 식으로 이어진다. 답을 알고 싶어서 물음을 가지고 찾아온 사람은 나인데, 이상하게 대답을 하는 사람은 물음을 가지고 있던 나 자신이다. 게다가 우리가 청한 선생님, 소크라테스는 언제나 내 대답에 만족하지 않는다. 그는 항상 내 답변의 꼬리를 물어 다시 물음을 던진다. 그건 뭐죠? 아, 그럼 그 이유는 무엇인가요? 정말로 그렇다고 생각하나요? 제가 보기에는 이런 예외가 있는 것 같은데, 그럼 당신이 대답한 것은 그 예외를 뺀 나머지인가요? 그런데 궁금한 것은 예외 없이 확실한 답이 아니던가요?

차라리 혼자 생각하는 편이 훨씬 편하지 않을까? 이런 사람하고 대화를 해서 어느 세월에 나의 원래 물음에 답할 수 있을지 의심이 생길 수도 있다. 소크라테스에게 배우는 일, 혹은 그와 대화를 나누는 일은 그리 편히지민은 않나. 하지만 우리가 사람을 잘못 찾아온 것은 아니다. 소크라테스는 우리가 찾던 바로 그 사람이 맞다. 소크라테스는 신이 지명한 가장 현명한 사람이며, 시대를 뛰어넘어 많은 철학자들이 다시 불러내는 불멸의 철학자다. 물론 이러한 이유만으로 그가 스스로 철학하면서 철학함을 배우는 우리의 여정에 적절한 동반자라고 말할 수는 없다. 잘난 사람이라고 해서 반드시 나와 잘 맞는 길동무라는 법은 없으니까. 소크라테스는 정말 철학을 시작하는 우리에게 최고의 선생님일까? 우리는 그 물음부터 해결해야 할 것이다.

1장
# 핵심내용

- 철학은 '내'가 '세계'를 생각하는 일이다. 그런 의미에서 철학은 자신이 경험한 세계를 검토하고 이를 바탕으로 살아가려는 모든 사람들에게 필요하며, 누구나 할 수밖에 없다.

- 생각도, 철학도 정지된 결과물이 아니다. 철학의 기초는 생생한 생각, 그리고 삶에서 시작한 생각을 삶으로 되돌리는 생각 활동에 있다.

- 철학은 해결이나 정답을 약속하지 않는다.

- 우리는 저마다의 삶에서 어쩔 수 없이 생각하게 만드는 각자의 물음과 마주한다. 이를 인정한다면 우리에게 우선적으로 필요한 것은 그 생각을 다루는 활동이다.

- 소크라테스는 신이 지명한 가장 현명한 사람이며, 시대를 뛰어넘어 많은 철학자들이 다시 불러내는 불멸의 철학자다. 소크라테스는 언제나 내 대답에 만족하지 않는다. 그는 항상 내 답변의 꼬리를 물어 다시 물음을 던진다.

"나는 단 한 가지 사실만은 분명히 알고 있는데,
그것은 내가 아무것도 알지 못한다는 것이다."
_ 소크라테스

# 2장 소크라테스는 누구인가?: 우리가 찾는 소크라테스

# 소크라테스는 누구인가? ①

**철학적 대화의 동반자**

철학을 전공하지 않은 사람들도 소크라테스라는 이름은 들어보았을 것이다. 우리에게 그는 자신의 신념을 지키기 위해 부당한 사형 선고를 피하지 않고 독약을 마신 사람이자, "악법도 법이다."라는 말을 남긴 사람으로 유명하다(실제로는 그 말을 하지 않았지만). 한편 그는 "배부른 돼지보다 배고픈 소크라테스가 낫다."라는 말처럼 생각하는 인간을 상징하는 이름이기도 하다. 그 이름 하나가 인간을 대표하다니, 철학을 잘 모르는 사람에게도 그가 유명하다는 사실은 확실하다.

흥미롭게도 소크라테스는 자신의 저술을 남기지 않았다. 그의 언행은 그의 주변인, 동시대인, 그 외에 그를 언급한 다른 사람들에 의해 기록된 것이다. 그러므로, 소크라테스는 실존 인물이지만 그를 바라보는 사람의 관점에 따라 그 모습이 조금씩 다르게 전해진다. 꽤나 미스터리하고 수상쩍은 선생님인 셈이다.

보통 어떤 일을 맡기기 위해 사람을 찾을 때 우리는 그럴 자격이 있다고 생각되는 사람을 찾는다. 그리고 그 사람의 능력, 인품, 성과물 등이 그 자리의 자격을 증명한다고 생각한다. 그래서 그 사람이 참여한 업무 경력을 살펴보거나 직접 면담을 하기도 하는데, 문제는 소크라테스를 직접 만나볼 수도 없고 그가 쓴 책을 검토할 수도 없다는 점이다. 우리는 그가 누구이며 어떤 생각을 가지고 있었는지 알기 위해 다른 사람이 기록한 자료에 의존해야 한다. 소크라테스는 정말 우리의 철학 여정을 함께하기에 가장 적격인 파트너일까?

**철학도 트라이**　무슨 고민을 하는지도 안 들어보고 문제가 무엇인지부터 되묻다니. 내가 생각하는 수업과는 너무 달라. 배우는 게 아니라 나 혼자 떠드는 것 같잖아. 선생님을 바꿔야 하나? 디오티마님, 도움이 필요해요.

**디오티마**　안녕하세요, 철학도 트라이님. 무슨 일이신가요?

**철학도 트라이**　선생님을 바꾸려면 어떻게 해야 하나요?

**디오티마**　지금은 오리엔테이션 기간이라 원하신다면 다른 선생님을 선택하실 수도 있습니다. 철학도 트라이님은 선생님을 바꾸고 싶으신가요?

**철학도 트라이**　아니, 꼭 그런 것은 아닌데요. 이 선생님이 정말 저한테 맞는 선생님인지를 모르겠어요. 코스 안내에는 '서양철학의 시초, 대화형 철학자, 부당한 사형 선고에 독약을 마시고 죽은 사람, 초심자와 전문가 모두에게 적합' 정도의 간단한 설명만 있었거든요. 다른 정보를 더 얻을 방법이 있나요?

**디오티마**      선생님에 관한 정보를 더 얻기를 원하시는군요.


## 소크라테스에 관한
## 가장 확실한 사실, 죽음


소크라테스에 관해서는 여러 사람의 기록이 있고, 실제 인물로서 소크라테스에 관한 역사적 사실은 이러한 기록을 교차 대조한 것이다. 흥미롭게도 소크라테스에 관해 가장 확실한 기록은 그의 삶보다 그의 죽음에 대한 것이다. 그는 아테네와 스파르타의 전쟁인 펠로폰네소스 전쟁(기원전 431~404년)이 끝난 후 아테네의 법정에 소환되었다. 이것이 기원전 399년의 일이었다.

철학자 플라톤(Plato)은 독배를 들 당시 소크라테스의 나이가 70세라고 전했다. 소크라테스의 출생연도에 대한 다른 기록에 근거해도 당시 소크라테스가 70세라는 플라톤의 기록과 크게 다르지는 않다. 대략 1~2년 정도의 차이가 있을 뿐이다. 따라서 우리는 그의 출생일을 정확하게 알 수는 없지만 기원전 468~470년 사이로 추정할 수 있다. 소크라테스는 아테네 법정에서 사형을 선고받아 독약을 마시고 죽음에 이르게 되는데, 당시의 재판 기록에 따르면 그의 죽음은 기원전 399년 초봄 무렵으로 추정된다.

공통적으로 일치하는 기록과 사료에 남은 사실을 나열해보면 소크라테스에 대한 파악이 대략적으로 가능하다. 그러나 이 같은 기록의 공통 조각을 모으는 것만으로는 소크라테스가 어떤 사람이었는지를 생생히 그려내기 어렵고, 무엇보다 소크라테스가 어떤 생각을 펼친 철학자였는지 짐작하기 어렵다. 그가 왜 지금까지도 철학자의 상징으로 유명한지 알 수 없는 것이다. 그렇다면 그에 관한 구체적인 증언을 하나하나 검토해보면 어떨까?

## 플라톤의
## 소크라테스

**철학도 트라이**  아니, 이 정도 정보로는 소크라테스님이랑 계속 대화를 해야 할지 말아야 할지 결정을 못 하겠는데요. 디오티마님, 다른 정보가 더 필요해요.

**디오티마**  소크라테스님에 대한 정보가 더 필요하시군요. 처음철학 오리엔테이션 기간 동안 소크라테스님에 관한 다른 정보는 두 가지 활동을 통해 더 얻으실 수 있습니다. 첫 번째, 고대 그리스에서 소크라테스님과 동시대에 살았던 사람들과 만나 질문을 할 수 있습니다. 두 번째, 후대의 철학자가 소크라테스 선생님에 관해 남긴 기록을 살펴볼 수 있습니다. 어떤 활동을 하시겠어요?

**철학도 트라이**　그럼 일단 이왕 여기까지 왔으니까 동시대의 다른 사람들을 만나게 해주세요.

**디오티마**　네, 철학도 트라이님의 오리엔테이션 기간 수강 정보 탐색을 시작합니다.


**철학도 트라이**　(누군가를 발견한다.) 아, 저기요! 안녕하세요? 혹시 소크라테스님이 어떤 분인지 아시나요?

**플라톤**　저 말입니까? 지금 저한테 우리 소크라테스님에 관해 물어보시는 거예요?

**철학도 트라이**　네, 맞아요. 그런데 소크라테스님을 잘 아시나 봅니다. 실례지만 혹시 누구신지요?

**플라톤**　저를 모르신단 말입니까? 하긴 그러니까 저한테 소크라테스님이 어떤 사람이냐고 물어보셨겠죠. 어떻게 보면 잘 찾아오셨네요. 저로 말할 것 같으면….


　우리가 아는 '철학자 소크라테스'는 대부분 플라톤에 의해 전해진 것이다. 그가 무엇을 추구하고, 어떻게 생각하고, 다른 사람과 그 생각을 어떤 방식으로 공유했는지는 플라톤의 증언에서 찾아볼 수 있다. 플라톤은 청년 시절에 소크라테스와 만나 그에게 직접적인 영향을 받은 인

그리스 아테네 시내에 있는 플라톤의 동상. 플라톤은 서양철학에 큰 영향을 미친 위대한 철학자다.

물로, 서양철학에 큰 영향을 미친 위대한 철학자다.[1] 플라톤이 서양철학에 미친 영향이 얼마나 지대했는지, 영국의 철학자 알프레드 화이트헤드(Alfred Whitehead)는 "2천 년 동안의 서양철학은 모두 플라톤의 각주에 불과하다."라고 말했을 정도였다.

플라톤의 저술은 대개 소크라테스와 소크라테스에게 질문을 던지거나

---

1 플라톤은 흔히 소크라테스의 제자라고 소개되기도 하지만 이는 다소 오해의 소지가 있는 표현이다. 소크라테스는 따로 학교를 만들거나, 공식적으로 '선생-학생'의 관계를 맺어 타인을 지도하지 않았다. 그러나 플라톤이 젊은 시절 소크라테스와 직접 교류하며 커다란 영향을 받았고, 소크라테스에게 일관되게 표현하는 존경심을 고려하면 그를 '소크라테스의 제자'로 표현하는 것도 틀리지 않다. 한편 소크라테스가 다른 사람과 관계를 맺는 태도를 고려하면, 소크라테스와 플라톤은 '스승-제자'인 동시에 진리를 찾기 위한 대화의 동반자이자 동료라고 생각하는 편이 그들의 관계를 더욱 적절하게 이해하는 방식일 것이다.

반박하러 온 상대방과의 대화로 전개된다. 그래서 그의 글들은『대화편』으로 불린다. 플라톤은 무려 50여 년간 20여 편 정도의『대화편』을 저술했다. 동시대인 중 소크라테스에 관한 기록을 가장 많이 남겼고, 그렇게 남겨진 많은 책에서 보여지는 소크라테스의 생애와 사건의 진행은 제법 일관적이다. 이러한 일관성과 저작 내에 드러난 사유의 깊이 덕분에 플라톤의 소크라테스에 관한 기록은 높은 신뢰도를 확보한다. 또한 플라톤 역시 걸출한 철학자인 만큼 그의 증언은 소크라테스의 철학을 가장 잘 계승한 것으로 평가되고 있다.

**플라톤**    그러니까, 소크라테스님은 정말 이상하지만 매력적인 분이십니다. 스스로는 아무것도 알지 못한다고 말씀하시면서도 항상 상대의 허를 찌르는 질문을 하셨죠.

**철학도 트라이**   그런 식의 대화가 힘들지는 않으셨나요?

**플라톤**    당황스럽긴 하지만 너무 즐거웠어요. 왜냐하면 우리를 괴롭히려고 그러신 게 아니니까요. 소크라테스님은 우리를 진정으로 존중해주셨고, 우리가 생각을 잘 펼칠 수 있게 도움을 주셨습니다. 그러니 그 잘난 알키비아데스(Alkibiades)[2]가 소크라테스님에게 푹 빠져 쫓아다녔겠죠. 어디 알키비아데스뿐이겠어요. 소크라테스님은 아테네의 젊은이들에게 큰 사랑을 받

---

2  편집자주) 아테네의 정치가이자 군인. 정치·군사적 재능과 준수한 외모로 유명했다. 소크라테스와 함께 전쟁에 참여하기도 했다.

으셨지만 돈을 벌거나 사회적 명성을 쌓는 일에는 관심이 없으셨어요. 심지어 따로 학교를 세워 운영하신 것도 아니었고, 무언가를 직접적으로 전달하며 그 뜻을 따르라고 강요하신 적도 없으셨죠. 그저 저희와 대화를 나누고, 저희의 잠재성을 존중해주실 뿐이었어요. 늘 자신은 아무것도 알지 못하지만 저희 안에는 진리로 향하는 좋은 생각들이 있다고 하셨죠. 그래서 소크라테스님은 자신의 활동이 출산을 돕는 산파의 역할과 같다고 강조하셨습니다. 그런 활동에 한평생을 바치셨고요.

**철학도 트라이**  뭔가 일반적으로 생각하는 '선생님'과는 조금 다른 느낌이네요.

**플라톤**  맞아요! 선생님이라고 하면 흔히 떠오르는 이미지와는 달라요. '선생 – 학생'이라는 관계를 원하지 않으셨죠. 우리는 모두 동등한 철학적 대화의 동료였습니다. 그런 의미에서 소크라테스님은 저희에게 무언가를 가르치시는 분이 아니셨어요. 그렇지만 소크라테스님은 우리 자신의 삶에서 가장 중요한 일이 무엇인지를 알려주셨지요.

**철학도 트라이**  정말요? 그럼 좋은 선생님이시네요. 그런데 삶에서 가장 중요한 것이 도대체 무엇인가요?

**플라톤**  중요한 것은 '가장 좋은 것을 아는 일'이죠. 좋은 삶은 좋은 실천에서 오고, 좋은 실천을 위해서는 좋은 것이 무엇인지부터 알아야 하니까요. 진짜 좋은 것은 좋은 삶을 위한 기준이 되죠.

**철학도 트라이**  그러니까 그게 뭐죠?

**플라톤**  그것은 바로 모든 것이 응당 있어야 할 자리에 있는 것, 바로 '정의(justice)'입니다. 그래서 소크라테스님은 진짜 좋은 것과 멀어지는 삶,

다시 말해 부정의한 삶으로 빠지게 만드는 정의에 대한 무지에서 벗어나야 한다고 강조하셨어요.

플라톤의 소크라테스는 대화를 통해 사람들을 당황스럽게 만드는 도발적인 면모를 지녔다. 소크라테스는 일부러 나서서 기존의 체제를 파괴하지는 않았지만, 기존의 체제를 떠받치는 주요 가치에 따라서 살라고 말하지도 않았다. 플라톤의 소크라테스는 젊은 사람들이 스스로의 생각과 잠재성을 돌아보고 알아차리게 하는 충실한 조력자였고, 사회적으로 이미 받아들여지는 가치나 목적을 비판적으로 살펴보는 일을 중시하는 사람이었다. 그는 삶의 근본적 가치를 스스로 생각하게 만드는 철학적 대화를 위한 파트너였다.

# 소크라테스는 누구인가? ②

**소크라테스에 대한 증언들**

**철학도 트라이** (깊이 고민하며) 플라톤님의 말대로라면 소크라테스님은 정말 멋진 분이시지만, 나에게 잘 어울리는 선생님인지는 아직 모르겠어. 정보가 더 필요해.

**크세노폰** 안녕하세요, 낯선 분! 플라톤에게 듣자 하니 소크라테스 선생에 대해 알아보고 다니신다고요? 플라톤이 하는 이야기만 들어서 소크라테스 선생을 다 알 수 있겠어요? 저는 선생의 인생을 마지막까지 지켜본 사람입니다. 플라톤은 그 자리에 없었죠. 그러니 제 이야기를 들어보세요.

**철학도 트라이** 네? 누구세요?

크세노폰(Xenophon)은 플라톤과 마찬가지로 소크라테스와 동시대인이며, 소크라테스와 직접 대화를 나누며 친밀한 관계를 맺은 사람이다. 그런데 흥미롭게도 크세노폰의 증언에서 드러나는 소크라테스와 플라톤의 증언에서 드러나는 소크라테스는 그 성격이 꽤 다르다.

오스트리아 빈에 위치한 크세노폰의 동상

## 크세노폰의
## 소크라테스

**크세노폰**　　소크라테스 선생은 한마디로 검소하고 열정적인 교육자라고 소개할 수 있습니다. 그러니 당신께서 배움을 위해 이곳에 왔다면 정말 잘 찾아오신 거예요. 소크라테스 선생은 젊은이들의 교육에 무척 열성적이었어요. 청년들이 이 사회 속에서 자신의 자리를 찾고 좋은 삶을 누리기 위한 역량에 초점을 맞춰 그들을 훈련시켰죠. 경제적으로는 풍요롭고 사회적으로는 명예를 얻을 수 있도록 말이에요. 비록 소크라테스 선생께서는 직접 정치에 몸담지 않았으나, 청년들에게는 정치적 훈련을 시키셨어요. 국가 공동체를 운영하기 위해 꼭 필요한 근본적인 앎을 논하곤 했지요.

**철학도 트라이**  그래요? 그런데 아까 플라톤님은 소크라테스님이 직접적으로 제자를 기르거나 가르치지 않았다고 하셨는데요? 게다가 기존의 사회적 낭예 같은 것도 중시하지 않으셨다고 들었습니다.

**크세노폰**  글쎄요, 제가 아는 소크라테스 선생의 모습과는 조금 다르네요.

**철학도 트라이**  그러면 좋은 삶은 좋은 실천에서 오고, 좋은 실천을 위해서는 좋은 것이 무엇인지부터 알아야 한다는 말씀은요? 그것도 크세노폰님이 아는 소크라테스님의 모습과 다른가요?

**크세노폰**  안다고 무작정 뭐가 된답니까? 앎과 실천은 연결되어 있지만 그래도 다른 영역인 걸요. 안다고 다 그렇게 살 수 있는 것은 아니죠. 결국은 꾸준한 훈련과 습관화를 통해서만 좋은 일을 실천하고 좋은 삶을 살 수 있게 되는 것입니다. 그래서 소크라테스 선생은 젊은이들이 공동체를 수호하고 헌신하며 개인적으로도 풍요롭고 명예로운 삶을 살기 위해 꾸준한 노력이 필요하다고 늘 강조하셨죠. 신체의 단련도 중시했고요.

**철학도 트라이**  (놀라며) 정말 플라톤님이 말씀해주신 소크라테스님과는 느낌이 많이 다른데요? 사회의 모범적인 일꾼을 키우는 학교의 선생님 같은 분이시네요.

**크세노폰**  그럼요! 소크라테스 선생은 소문과 달리 사람들을 당황하게 하는 대화법은 사용하지 않으셨어요. 오히려 친절하게 대화를 주고받으며 우리를 이끌어주셨답니다.

**철학도 트라이**  (혼란스러워진다.) 그렇군요.

# 플라톤 vs.
# 크세노폰

    19세기 철학자 프리드리히 슐라이어마허(Friedrich Schleiermacher)가 문제 제기를 한 이래로 많은 철학자와 해석가들은 크세노폰의 소크라테스에 의혹을 품었다. 슐라이어마허는 크세노폰이 철학자라기보다 군인이나 정치가에 가까웠다는 점을 들어 그의 저술이 소크라테스의 철학적 입장을 충실히 반영하기 어렵다고 주장했다. 무기에 대해 잘 알지 못하는 사람이 걸출한 무기 전문가의 생각을 충실하게 전달하기에 무리가 있는 것처럼.

    결정적으로 크세노폰의 소크라테스는 전통적인 가치를 옹호하는 사람으로 보인다. 소크라테스가 반체제적인 인물로 유죄 판결을 받아 죽음에 이른 사실과는 상당히 대조적이다. 크세노폰의 글 속에서 소크라테스는 돈을 벌어 가정을 꾸리고 유지하는 일을 중요하게 생각하는 사람으로 묘사된다. 그러나 그런 사람이 어떻게 아테네의 수많은 청년들과 길거리에서 자유롭게 대화를 나누고, 청년들의 정신을 타락하게 만들어 사회의 근간을 흔들리게 했다는 이유로 아테네 법정에서 사형 선고를 받았겠는가.

    슐라이어마허를 비롯한 해석가들은 크세노폰이 소크라테스를 변호하려는 마음이 지나쳤기 때문에 실제와 기록 사이에 간극이 생긴 것이라고 평가했다. 크세노폰은 소크라테스가 사형 선고를 받을 만한 사람이 아니라는 것을 강조하고 싶어 했고, 소크라테스를 변호하고자 하는 마음에서 그의 행보를 왜곡했다는 것이다. 소크라테스가 기존 체제에 대한 비판적 성찰에 열중했던 특징, 곧 도발적이고 혁신적으로 보일 수 있는 부분을 일부러 간과했다는 것이다. 그런 이유로 대부분의 철학자들은 크세노폰의 기록보다 플라톤의 기록이 소크라테스 철학을 잘 드러낸다고 생각한다. 실제로 철학사에서 비중 있게 다루는 소크라테스의 철학은 플라톤이 증언한 소크라테스에 가깝다.

크세노폰의 다른 저작을 추적하면 좀 더 흥미로운 사실이 드러난다. 크세노폰이 쓴 여러 책에는 소크라테스가 아닌 캐릭터들이 여럿 등장하는데, 각기 다른 책의 서로 다른 캐릭터가 전부 똑같이 소크라테스의 성격, 특징, 주장을 답습하고 있다. 크세노폰이 소크라테스에게 너무 감명을 받은 나머지 자신의 다른 책 속 주인공에게 그를 투영한 것일까? 아니면 애초부터 자신만의 이상적인 소크라테스를 재창조해낸 것일까?

그러나 플라톤의 증언에도 의혹이 제기되는 부분이 있다. 플라톤의 증언 속에 나타난 것이 과연 소크라테스의 철학인지 플라톤의 철학인지를 구분하기 어렵기 때문이다. 플라톤의 저술은 청년기·완숙기·후기 등으로 구분되는데 각 시기에 따라 나타나는 소크라테스의 특징이나 비중이 다 다르다.[3] 초기 저작 속 소크라테스는 이야기의 주된 중심인물이며, 대화 속에서 매우 능동적이고 적극적인 역할을 맡고 있다. 인간적인 개성도 많이 드러나는 편이다. 그러나 후기의 저작으로 갈수록 소크라테스는 대화를 이끌어나가는 중심인물이라기보다 해설자에 가까운 역할을 맡고, 인간미나 개성 역시 잘 표현되지 않는다. 후기의 저술 중에는 소크라테스가 아예 등장하지 않는 것도 있다. 게다가 초기에 등장하지 않았던 철학적 아이디어가 어느 시점부터 강력하게 주장되기도 한다.

이러한 이유로 사람들은 플라톤이 전하는 소크라테스 중에서 실제 소크라테스에 가까운 것은 비교적 초기 저작에 등장하는 소크라테스이고, 후기 저작에 등장하는 소크라테스는 플라톤 자신의 생각을 말하기 위해 내세워진 것이라고 해석하기도 한다. 완숙기부터 등장한 소크라테스의 철학은 플라톤의 철학이라고 보는 것이 더욱 적절하다는 것이다.

"소크라테스의 목소리는 점점 약해지면서 플라트소크[3]로 변모해간다."라는 평가도 있다.[b] 물론 이러한 평가에 동의하지 않는 사람들도 있다. 플라톤 초기 저작 속에 등장하는 소크라테스가 굳이 더 소크라테스답다고 평가할 뚜렷한 근거도 없고, 완숙기의 저작에서도 종종 소크라테스가 겪은 삶의 사건이 부각되었기 때문이다. 플라톤 철학 전체의 형식과 내용을 고려했을 때, 플라톤의 저작이 충실하게 소크라테스의 사상을 전달하고 있다고 주장하는 전문가들도 있다.

**철학도 트라이**   디오티마님.

**디오티마**   네, 철학도 트라이님.

**철학도 트라이**   플라톤님도, 크세노폰님도 소크라테스님과 무척 가까운 사이

---

3 플라톤과 소크라테스의 합성어

같아요.

**디오티마**　　그렇습니다.

**철학도 트라이**　그렇다면 그분들의 말만 들으면 정보가 너무 편향되지 않을까요? 조금 걱정되어서요.

**디오티마**　　그럴지도 모르겠네요.

**철학도 트라이**　소크라테스님과 가깝지 않은 사람과도 이야기하고 싶어요. 아예 반대파라면 어떨까요? 적대적인 사람의 경우도 좋고요. 물론 나쁜 평가가 대부분이겠지만, 거기서 공통적인 부분이나 일말의 진실을 찾아낼 수 있을지도 모르니까요.


## 아리스토파네스의 소크라테스

　플라톤과 크세노폰은 소크라테스와 가까운 관계였고, 소크라테스를 존경하고 좋아하는 사람들이었다. 플라톤과 크세노폰처럼 소크라테스에게 우호적인 사람이 남긴 기록이라면 객관적이라고 보기 어렵지 않을까? 그래서 사람들은 동시대인이지만 소크라테스와 가까운 관계는 아니었던 그리스의 극작가 아리스토파네스(Aristophanes)의 소크라테스에게 주목했다.

**아리스토파네스** 뭐요? 소크라테스님에 대해 알고 싶다고요? 소크라테스의 이름에 님을 붙이다니, 당신도 추종자인가?

**철학도 트라이** 아니요, 제가 이곳 사정을 잘 몰라서요. 소크라테스님은 무척 유명한 철학자라고 하던데, 어떤 분인지 좀 더 알고 싶어서 왔습니다.

**아리스토파네스** 흠, 당신은 이방인이군요. 물론 소크라테스가 유명하기야 합니다. 악명 높은 것도 유명한 것은 유명한 것이니까요. 그러나 소크라테스는 말만 화려하게 하지, 사실은 사람들의 욕심에 기대어 명성을 얻은 파렴치한 사기꾼에 불과합니다.

**철학도 트라이** 지금까지 만나본 분들의 이야기와는 전혀 다른데요! 소크라테스님이 사기꾼이라뇨?

**아리스토파네스** 그 사람 정말 사기꾼 맞는데, 거짓말하는 것처럼 보이나요? 전 떳떳합니다. 저 말고도 많은 아테네 시민들이 그렇게 생각할 걸요? 그런데 뭣 모르는 사람들이 그 사람의 번지르르한 말에 넘어가서 선생님처럼 모시고 있습니다. 그 사람은 세계에 대한 전문가인 척, 말로는 뭐든지 다 할 수 있는 척하면서 자기한테 유리한 방식으로 말하는 기술을 가르칠 뿐입니다. 젊은 사람들을 꼬드겨서 나쁜 길로 빠져들게 하는 것이죠. 나는 사회 고발의 임무를 띤 극작가인 만큼 소크라테스를 풍자하는 극을 직접 쓰기도 했지요. 혹시 당신도 읽어보시겠습니까?

아리스토파네스는 자신의 극 〈구름〉에서 소크라테스를 전면에 내세운다. 극의 줄거리를 요약하면 이렇다.

빚 때문에 채권자에 시달려 괴로워하던 농부가 그 시달림에서 벗어나기 위해 소크라테스의 학교를 다니기로 한다. 소크라테스의 학교는 자신의 주장을 상대방으로 하여금 받아들이게 설득하는 '말의 기술'을 가르쳐주던 곳이었다. 농부는 공부가 어려웠고 그래서 자기 대신 아들을 학교에 보냈다. 아들은 곧잘 배웠고, 그 결과 채권자에게 빚을 갚지 않아도 좋다는 주장을 정당하게 포장할 수 있었다. 덕분에 농부는 채권자에게서 벗어난다. 그러나 문제는 그다음이었다. 채권자에게 빚을 안 갚아도 된다고 주장했던 것처럼, 아들은 이번에는 아버지를 때려도 정당하다고 말하는 등 패륜적인 주장을 하는 데 '말의 기술'을 사용했다. 화가 난 농부는 결국 소크라테스의 학교에 불을 지른다.

아리스토파네스는 소크라테스를 철저히 조롱거리로 삼았다. 따라서 그의 극 속에 나타난 소크라테스가 실제 인물을 공정하게 반영한 것이라고 보기는 어렵다. 또한 소크라테스는 학교를 따로 설립해 학생들을 받아 가르치지도 않았고, 자신의 주장을 무조건 옳다고 포장하는 말의 기술도 가르치지 않았다. 오히려 그런 말의 기술은 소크라테스가 철학자로 인정하지 않았던 소피스트[4]의 특징이었다.

---

4 편집자주) 기원전 5~4세기경 그리스 아테네를 배경으로 활동했던 일련의 지식인 집단. 특정한 사상적인 연관성 때문에 소피스트라 분류된 것은 아니며, 단지 이들 각자가 스스로를 소피스트라 주장해 그렇게 불리게 되었다. 다만 그들이 공통적으로 추구하는 큰 흐름은 언변으로 상대가 반박하지 못하도록 만드는 데 있다.

**철학도 트라이** 아리스토파네스님은 너무 심하게 말씀하시네. 거의 조롱이나 마찬가지잖아? 소크라테스님과 너무 가깝지도 않지만, 과하게 비난하거나 헐뜯지 않으면서 객관적인 사람은 없을까?

## 아리스토텔레스의
## 소크라테스

사람들은 소크라테스가 죽고 대략 15년 뒤에 태어난 철학자 아리스토텔레스(Aristotle)에게 객관적인 증언을 기대하기도 한다. 아리스토텔레스는 소크라테스를 학문적 연구 대상으로 검토했다.

**아리스토텔레스** 안녕하세요, 저는 철학자 아리스토텔레스입니다. 만나서 반갑습니다.

**철학도 트라이** 안녕하세요, 만나 뵙게 되어 영광입니다. 아리스토텔레스님의 이름은 저도 들어봤어요. 소크라테스님과 플라톤님만큼 유명하시더라고요.

**아리스토텔레스** (흐뭇하게 웃으며) 제가 그렇게 유명한 사람이었군요. 저는 그저 제게 주어진 일을 할 뿐입니다.

**철학도 트라이** 소크라테스님에 대해 알려주실 수 있나요?

**아리스토텔레스** 저는 철학자인 만큼 소크라테스라는 사람을 말할 때 무엇보다 '철학자' 소크라테스에 주목해야 한다고 생각합니다. 철학자로서 소크라테스를 논한다면, 그의 생애보다 그가 철학에 어떤 영향을 미쳤는지 살펴보고 평가하는 일이 핵심적이지 않겠습니까?

**철학도 트라이** 음, 일리 있는 말씀이시네요. 저도 그런 이야기를 들으면 판단에 조금 도움을 얻을 수 있을 것 같아요.

**아리스토텔레스** 철학자 소크라테스는 그 이전의 철학자들과 달리 탐구의 중심에 인간을 두었습니다. 그것이 소크라테스 철학의 철학사적 의의라 할 수 있겠죠. 소크라테스는 인간의 이런저런 특성을 전부 나열하는 것이 아니라, 그중에서도 인간을 관통하는 핵심적인 특징을 찾고 설정하는 일에 힘썼습니다. 그리고 소크라테스는 독특하게도 좋음을 제대로 알면 자연스레 좋은 일을 실천하게 되고, 좋은 삶을 살게 된다고 주장하기도 했습니다. 곧 앎이 행동으로 연결된다고 생각했죠. 하지만 저는 이 의견에는 동의할 수 없습니다. 안다고 다 그렇게 행동하게 되는 것은 아니잖아요? 알고도 나쁜 짓을 하는 사람이 얼마나 많습니까?

**철학도 트라이** 일리가 있네요.

**아리스토텔레스** 아, 철학자 소크라테스에 대한 또 다른 중요한 평가를 빠뜨렸네요. 그는 질문만 하고, 대답은 하지 않는 사람입니다. 대신 남들이 대답하게 만들지요. 어떻게 보면 하나도 손해를 보지 않는 깍쟁이 같은 성격이라고 저는 생각합니다.[6]


그러나 소크라테스를 직접 경험했던 동시대인의 진술도 믿지 못하면서, 소크라테스가 죽은 뒤 다른 지역에서 태어나 소크라테스의 고향 아

독일 프라이부르크대학교에 위치한 아리스토텔레스의 동상. 아리스토텔레스는 소크라테스를 학문적 연구 대상으로 검토했다.

테네에 뒤늦게 진출한 아리스토텔레스의 말을 더 신뢰하는 것도 이상하다. 게다가 아리스토텔레스의 증언은 대부분 플라톤이 전하는 소크라테스 이야기에 의존한 평가에 불과하다. 따라서 그의 증언 역시 충분히 객관적이라고 보기는 어렵다.

# 철학자들의 철학자, 소크라테스

### 철학자들이 소크라테스 철학을 좇는 이유

소크라테스에 대한 증언은 사람마다 엇갈리고, 소크라테스가 직접 쓴 책은 단 한 권도 없다. 그렇지만 소크라테스에 관한 기록과 그에 대한 연구는 다양하고 방대하며 현재까지도 계속되고 있다. 소크라테스에게 가장 큰 흥미와 애정을 보이며 끊임없이 다시 불러내는 사람들은 단연 철학자 집단이다. '연예인들의 연예인'이라는 비유처럼 소크라테스는 '철학자들의 철학자'라고 할 수 있다. 그렇다면 그들은 소크라테스를 어떻게 평가하고 있을까?

## 야스퍼스의 소크라테스:
## 자유로운 철학의 시초

20세기 독일의 실존주의[5] 철학자 칼 야스퍼스(Karl Jaspers)는 자신의 저서『위대한 사상가들』에서 소크라테스를 예수, 공자, 석가모니와 함께 세계 4대 철학자로 꼽았다. 야스퍼스는 중요한 위인은 여럿 꼽을 수 있으나 이들만큼 인류 역사 전반에 걸쳐 광범위하고 지속적이며 깊은 영향을 준 사상가는 없다고 평가했다. 공교롭게도 이들은 모두 자신의 사상에 대해 직접 쓴 글을 남기지 않았다.

야스퍼스는 소크라테스를 모든 인류의 사상적 관심이 집중된 인물이면서도 실은 아무도 아닌 사람이라고 표현했다. 소크라테스라는 인물도, 사상도 소크라테스 사후에 서로 다른 학자들이 각자 자신이 생각하는 이미지를 투영한 것이기 때문이다.

그러나 야스퍼스는 소크라테스가 없는 철학은 생각할 수 없다고 이야기한다. 불확실한 소크라테스, 늘 질문만 던지는 소크라테스의 철학적 대화는 철학적 생각이 갖는 자유로움을 상징하기 때문이다. 고정되지 않고 자유로운 소크라테스의 대화법은 항상 타인을 필요로 하며, 그러므로 한 사람의 맹목적인 믿음에만 머물 수 없음을 보여준다. 소크라테스식

---

5 편집자주) 인간의 본질은 미리 정해져 있지 않고 개인이 구체적인 시간과 공간, 여러 조건 속에서 자유로운 결단에 따라 살아가는 대로 만들어지는 것이라는 입장.

사고는 사람의 마음을 열어 깊이 생각하게 하고, 그 외의 다른 어떤 권위
도 내세우지 않는 철학적 사고의 시초라 할 수 있다.


## 헤겔의 소크라테스:
## 개인의 등장

　　19세기 독일의 철학자 게오르그 헤겔(Georg Hegel)은 소크라테스
의 죽음을 고찰한다. 그는 아테네 법정에서 사형 선고를 받은 소크라테
스의 죽음이야말로 세계사에 중대한 전환을 상징하는 결정적 순간이라
고 평가했다.

　소크라테스는 국가법에 의해 선고된 유죄를 인정하지 않았다. 그에게
중요한 것은 기존 공동체의 관습이나 법제도보다 그 자신의 양심이었다.
소크라테스는 실제 판결과 무관하게 자기 양심의 법정에서는 자신이 무
죄라고 주장했고, 끝까지 자기 자신의 마음과 어긋나지 않는 삶을 추구
했다. 그래서 헤겔에게 소크라테스의 죽음은 개인과 국가, 특수한 것과
보편적인 것이 대립하는 사건이었다. 자기 양심의 권리를 주장하는 특정
한 개인과 공동체의 성립과 유지를 위해 어느 한쪽의 편을 들 수 없는 국
가의 보편적 질서가 충돌한 결과라는 것이다. 헤겔에게 각자의 권리를
우선하는 양쪽의 주장은 저마다 일리가 있었다. 그러나 소크라테스 이전
의 역사에서 개인은 그저 집단에 속하는 것이었기 때문에, 양측의 입장

이 저마다 일리 있는 동등한 것으로 생각된 적이 없었다.

소크라테스를 통해 드디어 집단의 생각이나 움직임과는 다르게 생각하고 행동할 수 있는 권리를 주장하는 '개인'이 등장한 것이다. 헤겔은 더 나아가 우리가 개인적인 것과 비개인적인 것을 적절하게 종합할 수 있어야 한다고 주장했다. 기존의 일반적인 규칙에 무조건 복종하는 것이 아니라 스스로 생각하고 결단을 내려 공동의 규칙을 만들고 이를 따라야 한다는 것이다. 그러나 이러한 종합은 충돌이 있어야 가능하고, 충돌은 개인이 자신을 스스로 '생각한 바에 따라 살아갈 수 있는 사람'으로 자각할 때 생겨난다. 그러므로 헤겔에게 소크라테스가 공동체의 법에 대항해 자신의 양심에 따른 사건은 세계사에서 최초로 개인적 자유와 권리를 자각하고 요구한 기념비적인 사건이었다.


## 니체의 소크라테스:
## 학문의 상징

현재를 즐기라는 뜻의 '카르페 디엠(carpe diem)'과 자신의 운명을 사랑하라는 뜻의 '아모르 파티(amor fati)'로 유명한 프리드리히 니체(Friedrich Nietzsche)에게도 소크라테스는 중요한 인물이었다. 19세기 독일의 철학자 니체는 서양철학을 비판하기 위해 소크라테스를 소환한다. 서양의 정신은 합리성과 비합리성의 대결로 읽을 수 있는데, 니체는 소크라테스 이래로 합리성이 강조되면서 세계의 두 측면 중 한 부분만 강조되었다고 생각했다. 전통적인 서양철학이 세계를 왜곡해 읽는 단편적인 철학이라는 것이다. 그러므로 니체에게 소크라테스 철학은 타파해야 할 생각 방식이었다.

그러나 니체는 『비극의 탄생』에서 소크라테스를 합리성에만 머물지 않고 그 이상의 것인 예술로 나아갈 가능성을 품은 학문의 상징이라 평가한다. 니체에게 소크라테스는 '학문에 따라 살고 또 죽을 수도 있는 최초의 인물'이었다. 학문은 우리가 대상을 이해할 수 있고 적절히 설명할 수 있게 만드는 앎이다. 소크라테스는 자신의 철학을 굽히지 않았기 때문에 사형 선고를 받았고, 죽음 앞에서도 그 뜻을 바꾸지 않고 앎의 힘으로 죽음의 공포를 넘어선 인간이다. 죽음에 대한 공포를 넘어설 수 있는 힘을 앎에서 찾은 소크라테스야말로 학문의 상징이었던 것이다.

그런데 학문은 죽음의 공포를 넘어선 소크라테스처럼, 언제나 자신의 한계를 뛰어넘으려는 특성을 갖고 있다. 합리적인 학문 안에 이미 그 합리성을 뛰어넘으려는 힘이 포함되어 있는 것이다. 따라서 니체는 학문이 예술로 나아갈 수 있는 잠재성을 갖고 있다고 해석했다. 그래서 니체는 소크라테스를 단지 한 가지 해석으로만 읽어서는 안 된다고 주장한다.

# 내 철학함의 동반자

## 모르기 때문에 현명한 사람

**디오티마**  철학도 트라이님, 오리엔테이션 기간이 끝나갑니다. 선생님을 바꾸시겠어요, 이대로 소크라테스님과 함께하시겠어요?

**철학도 트라이**  아직 잘 모르겠어요. 사람마다 말이 다르니까, 뭐가 제일 정확한 정보인지 모르겠네요.

**디오티마**  애초에 무엇을 위한 정보였나요?

**철학도 트라이**  그야 철학을 잘 모르는 저에게 딱 맞는 선생님을 찾으려는 목적이었죠. 그분은 제가 찾던 선생님이 맞을까요? 고민을 풀고 싶어서 수업을 신청한 건데, 여기 오고 나서 고민만 더 늘어나는 것 같아요.

**디오티마**    모든 행동과 결정은 전적으로 철학도 트라이님의 몫입니다. 결정을 대신하는 것은 불가능하지만, 철학도 트라이님의 생각을 돕는 질문을 드리는 것은 가능합니다. 철학도 트라이님이 바라는 소크라테스 선생님은 어떤 모습인가요? 처음에 선택하려고 했던 이유는 무엇이고요? 그 점을 다시 생각해보시면 도움이 되지 않을까요?

**철학도 트라이**    저는…. 저의 평범한 생각에 귀 기울여주고 함께 이야기를 나눌 수 있는 선생님을 원했어요. 그래서 '대화형 철학자'라는 말에 끌렸고요. 하지만 만나자마자 거꾸로 질문을 받으니까 혼란스러웠어요. 소크라테스 선생님은, 아니 저는 과연 소크라테스 선생님과 대화를 잘 나눌 수 있을까요?


## 우리의 소크라테스를
## 찾아서

지금 우리에게 중요한 것은 기원전 399년에 죽은 소크라테스에 대한 '사실'이 아니지 않을까? 니체의 말처럼 자꾸만 이야기되고, 전달되고, 논의되는 소크라테스에 관한 해석이 더 중요할지도 모른다.

우리는 많은 사람들에게 긴 시간에 걸쳐 영감과 호기심을 불러일으키고, 계속해서 그 진실을 탐구하게 하며 다양한 해석을 내놓게 하는 존재로서의 소크라테스를 추구할 필요가 있다. 오늘날까지도 많은 사람들이 소크라테스를 찾고 마음 한편에 그를 위한 자리를 마련해두는 이유는 그가 우리에게 필요한 무엇인가를 여전히 생생하게 전하고 있기 때문일 것이다. 누가 진짜 소크라테스이고, 진짜 소크라테스가 한 말은 무엇이었는지 정확히 밝히는 일보다. 소크라테스라는 이미지와 소크라테스적 태도가 철학에서 무엇을 의미하는지 밝히는 데 집중해보면 어떨까?

따라서 우리가 만날 소크라테스는 역사 속의 '진짜' 소크라테스라기보다 우리에게 철학함이 무엇이고 어떻게 하는 것인지 알려줄 안내자에 가깝다. 이제부터 우리는 플라톤적 소크라테스를 토대로 삼되, 그 외 다양한 철학자를 참조해 소크라테스식 사고와 소크라테스적 삶의 태도에서 특징을 뽑아 배우고 익힐 것이다. 이를 통해 소크라테스로 대표되는 전통적인 서양철학의 정신과 방법의 기초를 알고 익힐 것이며, 이 긴 여정을 통해 우리는 다른 누구도 아닌 자기 자신의 철학을 실천할 것이다. 고대 그리스 철학의 전문가 C. C. W. 테일러(C. C. W. Taylor)의 말은 의미심장하다.

"모든 시대는 제각기 그 시대의 소크라테스를 재창조해야 한다."


## 모르기 때문에
## 알아가는 삶을 선택한 사람

고대 그리스에서 아폴론 신을 모시는 델포이 신전의 신탁은 가장 권위 있고 의심의 여지가 없는 판단으로 여겨졌다. 신탁은 신의 말씀

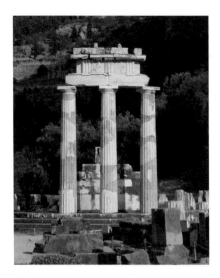

오늘날 토대와 기둥만 남아 있는 델포이 신전의 사진.
델포이 유적은 1987년에 세계문화유산이 되었다.

을 전하는 것이기 때문에 신의 존재와 권능에 의해 그 말의 진실됨이 보장되었다. 무엇보다 고대 그리스의 신탁은 인간이 감히 자신의 힘으로는 벗어나거나 거역할 수 없는 필연적 운명을 뜻하는 것이었다. 따라서 신탁은 이후에 얼마든지 달라질 수 있는 것이 아니라 신에 의해 '반드시 그렇게 될 수밖에 없는 것'이었다.

어느 날 소크라테스의 동료 카이레폰(Chaerephon)[6]이 델포이 신전에 찾아가 "세상에서 소크라테스보다 현명한 사람이 있는가?"라는 물음을 던졌다. 놀랍게도 카이레폰이 들은 대답은 "없다."였다. 소크라테스는 세상에서 가장 현명한 사람이라는 신탁을 받은 것이다.

자신이 세상에서 가장 현명하다는 신탁을 듣고 그것을 바로 수긍할 사람이 몇 명이나 될까? 소크라테스 역시 이 말을 받아들이기 어려웠다. 하

6 카이레폰은 소크라테스의 추종자이자 그리스 민주정의 지지자다. 그는 30인 과두정 체제에 저항했고, 그로 인해 추방되었다. 카이레폰과 델포이 신탁에 관한 이야기는 『소크라테스의 변론』에 나온다.

지만 신탁이 거짓이라고 할 수도 없었다. 신탁은 신의 말씀이고, 절대적으로 참이며 반드시 참이 될 수밖에 없는 필연적 사실이기 때문이다. 소크라테스는 자신이 세상에서 가장 현명한 사람이라는 신탁을 곧바로 수긍할 수도, 다짜고짜 부정할 수도 없었다. 신탁을 부정할 정도의 확신과 지식이 있다는 것은 곧 소크라테스 자신이 신보다 뛰어난 지혜를 소유하고 있다는 말이 될 테니까. 그렇다면 신탁은 소크라테스 자신의 부정에 의해 역설적으로 참이 된다.

소크라테스는 생각했다. '신이 지금 도대체 무슨 말을 하고 있는 것이지? 무엇인가 암시하는 수수께끼 같은 걸까? 아무리 생각해도 나는 전혀 현명한 사람이 아니고, 그렇게 생각한 적이 없는데. 그렇지만 신은 거짓말할 필요도 없고 신의 말에 '거짓'이라는 것은 성립하지 않는데, 분명 내가 모르는 무언가 다른 의미가 숨겨져 있는 것은 아닐까?'

소크라테스는 대담한 행동을 시작한다. 현명한 사람을 찾기 시작한 것이다. 자신보다 현명한 사람을 찾으면 델포이 신전의 신탁을 조금이나마 이해할 수 있을 것 같았다.[d] 현명한 사람을 찾으면 인간으로서 감히 신을 부정하기는 어려워도 최소한 신탁을 헤아리는 데 도움이 될 만한 질문은 할 수 있지 않을까? "신이시여, 저보다 더 현명한 사람을 찾았습니다. 바로 이 사람이지요. 그런데도 신이 저를 가장 현명한 사람이라 지목한 것은 어떤 까닭입니까?"라고. 그래서 그는 가장 현명한 사람을 찾기 위해 후보를 헤아렸다.

## 후보 하나, 정치인

처음 소크라테스가 찾아간 사람은 누구였을까? 그는 먼저 정치인을 찾아간다. 오늘날 정당인, 국회의원 등의 전업 정치인들은 대중의 기대를 받는 동시에 비난의 대상이 되기도 한다. 우리는 지금까지의 경험을 통해 정치인이 전부 현명한 건 아니라고 생각하면서도 한편으로는 그러기를 기대한다. 플라톤의 말을 빌리면, 우리가 누군가에게 어떤 일을 맡기는 이유는 그가 그 일을 잘 해낼 능력이 있다고 믿기 때문이다. 그런 의미에서 플라톤은 각각의 활동을 해당 활동 영역의 전문가에게 맡겨야 한다고 주장했다. 그러므로 국가 전반의 통치에 관여하는 정치인은 국가를 구성하는 부분들 전부에 대한, 곧 국가 전반에 대한 지식의 전문가가 되어야 한다는 주장이다. 소크라테스가 정치인에게 현명함을 기대한 것은 이러한 맥락에서였다.

그러나 소크라테스의 목적은 달성되지 않았다. 소크라테스는 여러 정치인과 직접 대화를 나눈 후 결론을 내린다. '이들은 다른 사람들이 보기에, 특히 자기 자신이 보기에 현명하지만 실제로는 현명하지 않구나.' 눈에 보이는 것이 다 진실은 아니다. 빛나는 것이 모두 다이아몬드는 아닌 것처럼.

정치인과의 대화를 통해서 소크라테스는 더 충격적인 사실을 깨달았다. 정치인은 심지어 자신이 무엇인가를 모르고 있다는 사실조차 몰랐다! 정치인은 자신의 무지함을 몰랐고, 따라서 자신이 남들보다 무언가를 더 잘 알고 있다고 확신했다. 그렇기 때문에 정치인은 자신의 주장을 쉽게 굽히지 않았고, 스스로를 변화시킬 필요도 느끼지 못했다. 소크라테스는 스스로 무엇을 모르는지 모르는 무지가 정치인의 치명적인 약점이라고 생각했다.

### 후보 둘, 시인

소크라테스는 다시 현명한 사람을 찾는 일을 이어간다. 이번에는 시인을 찾아갔다. 고대 그리스의 시인은 오늘날 우리가 생각하는 시인과는 조금 다른 의미를 갖고 있었다. 당시의 시인은 개인의 사사로운 감정을 노래하는 직업이라기보다 인간사의 근본적인 특징을 대표적으로 보여줄 수 있는 모델을 생산하는 제작자에 가까웠다. 당시의 시인은 주로 신이나 신탁과 관련된 것, 혹은 초인적인 영웅의 이야기를 주제로 삼아 그 속에서 삶의 교훈을 제공하는 역할을 맡았다. 그러나 오늘날의 시인이라고 해서 현명한 사람의 후보군에서 제외될 이유는 없다. 시인은 시적인 관점으로 세상을 보고, 말하는 능력을 지닌 사람이다. 평범한 사람보다 섬세하게 세상을 살피고, 평범한 사람이 생각하지도 못한 부분을 생각하지 못했던 어휘로 보여준다. 혹은 너무나 평범해 잊고 지냈던 것의 새삼스러운 진실을 깨닫게 해준다.

소크라테스는 이번에야말로 자신보다 현명한 사람을 만날 수 있을 것이라 기대했다. 그래서 그들의 현명함을 확인하기 위해 가장 공들여 완성한 것처럼 여겨지는 시를 골라 그 작품의 의미를 묻는다. 이를 통해 소크라테스는 새로운 한 가지 사실을 깨닫는다. 시인은 신과 인간, 인간의 운명과 삶에 대해 누구보다도 아름답게 지혜를 담아 읊을 수는 있었지만 정작 작품에 담긴 의미에 대해서는 제대로 설명할 수 없었다.

물론 우리는 소크라테스에게 반문할 수 있다. 시인이 평론가도 아니고, 작품만 잘 쓰면 되지 작품의 의미까지 자기 스스로 일일이 설명할 필요가 있을까? 그러나 소크라테스의 목적을 다시 떠올려보자. 소크라테스는 세상에서 가장 현명하다고 지목된 자신보다 더 현명한 사람을 찾겠다는 목적이 있다. 현명한 사람이라면 자신이 하는 아름답고 지혜로운 말의 의미를 모를 리 있을까? 소크라테스는 시인과의 대화를 통해 그들이 인간사에서 중요한 것, 좋고 아름다운 것 등을 말하는 데는 능통하지만 말하는 내용에 대해서는 제대로 알지 못함을 알게 되었다. 시인은 세상을 노래하지만 정작 그 노래 안에 담긴 것들을 생각하고 판단하기에 충분한 앎을 지닌 존재는 아니었다.

더욱이 소크라테스는 자신이 만난 시인들이 정치가와 같은 함정에 빠져 있는 것을 발견했다. 그들은 자신의 전문 영역 이외에는 잘 알지 못했지만 자신들이 세상을 매우 잘 아는 현명한 사람이라고 착각했다.

정치가도, 시인도 훌륭한 말을 한다. 그러나 훌륭한 말을 할 수 있다고 세상의 모든 것을 잘 아는 사람, 현명한 사람이 되는 것은 아니다.

**후보 셋, 기술인**

소크라테스는 포기하지 않았다. 이번에는 기술자(장인)를 찾아갔다. 기술자는 무엇인가를 자신의 손으로 직접 만들어내는 사람으로, 요즘으로 치면 설계자와 개발자를 포함한다. 무엇인가를 만들어낼 수 있으려면 그 무엇인가에 대해 잘 알고 있어야 한다. 따라서 소크라테스는 그들이 뛰어난 지혜를 가지고 있으리라 기대했다. 그러나 그들은 특정 분야에 대해서는 누구보다 많이, 잘 안다고 할 수 있지만 나머지 영역에 대해서는 전문가가 아니었다. 그들은 자신의 영역에서는 누구보다 현명하고, 박식한 사람들이었지만 다른 분야에 대해서는 무지했다. 예를 들어 과연 그들이 삶에 대한 앎의 전문가라고 말할 수 있을까? 소크라테스가 판단하기에 그들 역시 정치인, 시인과 마찬가지로 충분한 앎을 지닌 존재는 아니었다.

그들은 정치가, 시인과 같은 착각에 빠져 있었다. 그들은 자신이 아는 것이 세상의 전부라고 생각한 나머지 스스로 거의 모든 일에 관해 가장 잘 알고 있는 사람이라고 착각했다. 우리는 종종 자신이 능숙하게 다룰 수 있는 영역의 규칙이 다른 분야, 다른 사람의 삶에도 전부 통용된다고 생각해 누군가를 가르치려 드는 사람과 마주친다.

소크라테스가 생각하기에 정치가, 시인, 기술자 등이 잘 알지 못하는 영역은 우리 삶에서 가장 중요한 것이었다. 바로 삶의 가치, 좋은 삶, 옳은 삶에 관한 앎이다. 그들은 이와 관련된 사례 한두 가지에 대해서는 알아도 정작 우리 삶에서 가장 중요한 삶의 가치, 좋음과 옳음이 무엇인지에 대해서는 알지 못했다.

# 무지를 인정하는 사람만
# 나아갈 수 있다

이제 소크라테스는 현명해 보이는 사람들, 현명할 것이라 기대되는 사람들이 자신보다 현명하지 않다는 것을 깨닫게 되었다. 소크라테스는 특정 직업군 전체를 현명하다거나 현명하지 않다고 평가하기 위해 그들과 대화를 나눈 것이 아니다. 그는 자신이 '가장' 현명한 사람이라는 신탁을 이해할 수 없었기 때문에, 그 자신보다 더 현명한 사람을 찾기 위해 노력한 것이다. 따라서 제시된 직업군은 평소 우리가 현명하다고 기대하는 사람들에 대한 상징 정도로 이해할 수 있다.

현명해 보이는 사람들과 소크라테스의 결정적인 차이는 무엇일까? 바로 자신의 무지를 모른다는 점이다. 현명해 '보이는' 이들은 자신이 정말로 현명하다고 믿고 있다. 그들은 그렇게 보이는 것과 정말 그런 것을 구분하지 못하는 혼동 속에서 사는 것이다. 자신의 무지를 인정하지 못하면 배울 수가 없다. 자신이 모른다는 사실조차 알지 못하면 알 수 있는 길은 열리지 않는다.

모든 것을 아는 사람은 이미 모든 것을 알고 있기 때문에 무언가를 더 배울 필요가 없다. 그러나 인간인 이상 모든 것을 알 수는 없다. 그렇다면 아주 모르는 사람은 어떨까? 자신이 모르는 것조차 모를 정도로 무지한 사람 역시 모든 것을 아는 사람과 마찬가지로 배울 필요가 없다. 정확히 말하면 배우려 하지도 않을 것이다. 그 자신이 배움의 필요와 열망을 갖지 않기 때문이다. 모르는지도 모른 채 만족하고 있는 사람 역시 한 걸음 더 나아갈 필요성을 느끼지 못한다. 배울 기회를 스스로 멀리 하는 셈이다. 반면 소크라테스는 자신이 무지하다는 사실을 알고 있다. 그는 적당히 모르고, 적당히 아는 사람이다. 그러므로 소크라테스는 배움으로 향하고, 배워서 무지를 벗어날 가능성을 안고 있다.

소크라테스는 결국 자신이 세상에서 가장 현명한 사람이라는 신탁을 운명으로 받아들인다. 그의 받아들임은 스스로 다른 사람보다 가장 뛰어나고, 가장 현명하다는 자기 확신에서 기인하지 않았다. 소크라테스는 어떤 분야에서는 똑똑하지만 삶의 중요한 문제에 대해 무지하다는 사실을 잊고 사는 사람이 되기보다, 그 스스로 모른다는 사실을 인정하고 꾸준히 앎을 추구하는 사람으로 남기로 했다. 소크라테스는 모르기 때문에 앎을 향해 나아가는 삶을 선택한 것이다. 그는 자신이 스스로의 무지를 인정하고 배움을 열망하는 사람이라는 의미에서 델포이 신전의 신탁을 받아들인다.

우리는 신이 아니기에 실제로 모든 것을 완벽하게 아는 지혜를 자신하거나 이를 목표로 할 수는 없다. 그러나 우리가 모른다는 사실을 인정하면, 바로 그 모름의 자리에서 묻고 배우며 앞으로 나아갈 수 있다. 그리하여 소크라테스에게는 돈벌이와 무관한 거리의 대화가 인생에서 가장 우선시되는 소명이었다. 우리는 대화를 통해 자신의 무지함을 알게 되고, 그 무지를 인정한 이후에야 다른 곳으로 나아갈 수 있다. 플라톤의 저서 『소크라테스의 변론』 23a~23b에는 다음의 구절이 나온다.

"인간들이여, 누구든 소크라테스처럼 지혜 앞에서 자신이 실로 아무것도 아님을 깨달은 자가 있다면 너희들 가운데 가장 지혜로운 자이니라."

# 철학적 대화의 동반자

## 대화로 철학하는 힘을 키운다

조금은 알고, 또 조금은 모르는 사람. 그렇기 때문에 나아가려고 하는 사람. 우리 또한 그렇다. 소크라테스도 우리도 무지하고 불완전한 사람들이다. 그래서 소크라테스는 우리에게 무엇인가를 가르치려 하기보다 우리와 대화를 나누고자 했다.

대화는 어떻게 가능할까? 서로 말을 주고받는다고 해서 모두 대화는 아니다. 예의 바르고 사이 좋게, 서로의 말을 끊지 않고 한 번씩 번갈아 가면서 말할 기회를 주고, 같은 시간과 자리를 공유한다고 해서 대화인 것은 아니다. 때로는 고성이 오가는 자리보다 부드럽고 예쁜 말이 오가는 자리가 더욱 숨막힐 때가 있다. 처음 시작한 자리에서 조금도 물러나지 않고, 상대의 말에 전혀 귀 기울이지 않고, 자신의 생각만 반복한다면 그것은 차라리 독백(mono-logue), 혼잣말에 가깝다.


## 대화의 전제 조건:
## 상대방을 인정하고 존중한다

대화(dua-logue, dialogue의 또 다른 표현)는 나와 또 다른 존재인 상대방과의 교류다. 서로 다른 입장이 접촉하며 교류하는 활동인 것이다. 따라서 내가 지금 생각하고 이해하는 것과는 다른 입장이 있을 수 있음을 인정하고, 그 입장이 귀 기울일 만한 가치가 있는 것임을 인정할 때 대화는 시작된다.

소크라테스는 우리의 물음을 함부로 평가하지도, 쉽게 무시하지도 않는다. 우리가 살면서 많이 들어보았을 "그걸 왜 물어봐?" "그게 왜 문제야? 그냥 좀 넘어가면 안 되겠니?" "너만 넘어가면 편하잖아." "사람들이 하는 말 그냥 들어. 그게 그렇게 어려워?"와 같은 말을 소크라테스는 입에 담지 않는다. 배우려는 열망이 있는 소크라테스에게 누군가의 물음은 알게 됨을 향해 나아가는 출발점이기 때문이다. 묻는다는 것은 최소한 내가 지금 그것에 관해 완벽하게 알지 못함을 인정하고 더 알고 싶다는 욕망과 노력의 표현이다. 그래서 설령 지금 이 순간 우리가 그 물음에 대해 완벽한 답변을 찾지 못할지라도 물음은 그 자체로 가치 있다.

내 스스로 완벽하게 설명하거나 답변할 수 없는 물음이 자유롭게 허용되고, 누군가 나와 함께 그 물음에 대해 진지하게 대화를 나누려 한다면 그 시도 자체만으로도 우리는 자유롭고 편안해진다. 눈치 보지 않고 궁금한 그대로 말해도 되고, 물어봐도 되고, 그에 관해 더 고민하고 생각해도 된다. 진정으로 앎에 대한 열망을 지니고 있다면 물음 앞을 가로막는 것은 아무것도 없다.

소크라테스에게 각자의 물음을 갖고 있는 한 명 한 명은 모두 더 크고 깊은 앎을 향해 나아가기 위한 파트너다. 소크라테스와 우리는 모두 배움의 길 위에 서 있는 동료인 것이다. 소크라테스는 언제나 우리를 대등한 대화의 상대로 인정하고, 우리의 물음에 귀를 기울여준다.

## 소크라테스와의 대화?
## 나 자신과의 대화!

**철학도 트라이**  이제 조금 알 것 같아요. 소크라테스 선생님은 대화할 준비가 되어 있는 사람이네요. 그렇지만 실제로 선생님과 대화하는 일은 어렵고 혼란스러울 수도 있겠어요.

**디오티마**  소크라테스님은 답을 주는 사람이 아니니까요. 하지만 덕분에 자유롭게 생각하고 말할 수 있지 않을까요?

**철학도 트라이** 그렇긴 하죠. 생각을 가로막거나 강제하지 않으니까요. 그렇지만 처음부터 끝까지 혼자 생각해내야 하는 일은 쉽지 않네요. 내가 물어본 질문이 고스란히, 아니 어쩌면 생각도 못해본 더 어려운 질문으로 되돌아오면 많이 당황스러울 것 같아요. 질문을 되돌려주다니…. 거울을 보며 대화하는 기분이 들 수도 있겠어요. 그런 대화가 저한테 좋은 것일까요?

**디오티마** 글쎄요, 저로서는 잘 판단할 수가 없네요. 그렇지만 거울 속의 나와 대화하는 일도 장점이 있지 않나요? 게다가 철학도 트라이님은 거울이 아니라 또 다른 사람인 소크라테스님과 만나는 것이잖아요? 거울은 나의 이야기를 메아리처럼 반사할 뿐이지만 소크라테스님과는 대화가 가능하죠.


소크라테스는 진지한 귀 기울임과 되물음을 통해 상대가 처음 의문을 품었던 입장과 다른 입장에서 스스로의 물음을 생각하도록 한다. 그래서 소크라테스와의 대화는 일방향 학습이 아니다. 소크라테스는 대화를 통해 소크라테스 자신이 알고 있는 지식으로 우리를 이끄는 것이 아니라, 우리 자신의 부분적인 앎과 부분적인 무지를 스스로 잘 들여다보게 유도한다. 나를 들여다보는 일은 내 안으로 깊이 몰두하는 일이다. 그와 동시에 생각이 떠오르는 대로 그저 따라가기만 하는 것이 아니라, 그렇게 생각하는 나와 내 생각의 내용에 대해 거리를 두고 바라보는 일이기도 하다. 거리를 두고 바라볼 때, 특히 평소에 바라보던 방식이나 관점 이외에 다른 여러 가지 방식과 관점으로 살펴볼 수 있을 때, 우리는 비로소 새로운 것을 발견할 수 있다. 땅에서 바라본 하늘과 하늘 위에서 바라본 하늘은 같은 하늘이지만 또 다른 모습인 것처럼.

소크라테스와의 대화는 나 자신의 생각을 펼치는 활동이다. 내 눈앞에서 나와 말을 나누고 있는 대화 상대자는 소크라테스지만, 우리는 사실상 나 자신과 대화를 하게 되는 것이다. 그 과정에서 생각의 힘이 증진되고 연마된다. 소크라테스와의 대화를 통해 우리는 스스로 철학하면서, 철학하는 힘을 갈고닦게 된다. 철학을 글자로 배워 문장으로 저장하는 것이 아니라 철학을 하면서 철학을 알고 익혀가는 과정을 경험할 수 있다. 이것이 우리가 원하고 필요로 하는 철학이자 철학의 핵심이다.

"생각한다는 것은 자기 자신과의 대화°"

- 플라톤의 소크라테스는 삶의 근본적 가치를 스스로 생각하게 만드는 철학적 대화의 동료인 반면, 크세노폰의 소크라테스는 전통적인 가치를 옹호하는 사람으로 보인다.

- 아리스토파네스는 소크라테스가 '말의 기술'로 사람들은 현혹한다고 생각했고, 아리스토텔레스는 소크라테스를 학문적 연구 대상으로 검토했다.

- 야스퍼스는 늘 질문만 던지는 소크라테스의 철학적 대화가 철학적 생각이 갖는 자유로움을 상징한다고 생각했다. 헤겔은 소크라테스를 통해 집단의 생각이나 움직임과는 다르게 생각하고 행동할 수 있는 권리를 주장하는 '개인'이 등장했다고 생각했다. 니체는 소크라테스를 합리성에만 머물지 않고 그 이상의 것인 예술로 나아갈 가능성을 품은 학문의 상징이라 평가했다.

- 소크라테스는 자신이 무지하다는 사실을 알고 있다. 그는 적당히 모르고, 적당히 아는 사람이다. 그러므로 소크라테스는 배움으로 향하고, 배워서 무지를 벗어날 가능성을 안고 있다.

- 소크라테스와의 대화를 통해 우리는 스스로 철학하면서, 철학하는 힘을 갈고닦게 된다.

✦

a (58쪽). 루이-앙드레 도리옹(Louise-Andre Dorion)의 저서 『소크라테스』 57쪽의 분류에 따르면, 플라톤의 초기 혹은 청년기로 분류되는 『대화편』은 『소크라테스의 변론』, 『크리톤』, 『소히피아스』, 『대히피아스』, 『이온』, 『알키비아데스』, 『라케스』, 『프로타고라스』, 『메넥세노스』, 『에우튀프론』, 『고르기아스』, 『카르미데스』, 『메논』, 『뤼시스』, 『에우튀데모스』가 있다. 중기 혹은 완숙기로 분류되는 『대화편』은 『크라튈로스』, 『향연』, 『파이돈』, 『국가』, 『파이드로스』, 『파르메니데스』, 『테아이테토스』가 있다. 노년기 혹은 후기로 분류되는 『대화편』은 『소피스트』, 『정치가』, 『필레보스』, 『티마이오스』, 『크리티아스』, 『법률』이 있다.

b (59쪽). 플라트소크에 대한 이야기는 폴 존슨(Paul Johnson)의 저서 『그 사람, 소크라테스』 100쪽에 나오는 내용이다.

c (64쪽). 아리스토텔레스의 저서 『형이상학』에서 소크라테스를 언급한 부분을 요약, 각색한 대화다.

d (75쪽). 세상에서 가장 현명한 사람이 될 만한 후보군을 만나러 다니는 소크라테스의 이야기는 플라톤의 저서 『소크라테스의 변론』의 내용을 재구성한 것이다.

e (87쪽). 플라톤의 저서 『테아이테토스』 189e에 나오는 내용이다.

"철학은 무지로부터의 탈출이다."

_소크라테스

**3장**

# 철학적으로 생각하려면:
# 소크라테스처럼 생각하기

# 철학은 무엇인가?

**생각하는 방식이 차이를 만든다**

**디오티마**　　철학도 트라이님은 오리엔테이션 기간을 마치고, 소크라테스 선생님과 처음철학 과정을 이수하는 데 동의하십니까?

**철학도 트라이**　동의합니다.

**디오티마**　　그럼 소크라테스님과의 처음철학 과정을 시작합니다.

　익숙하지 않은 무언가를 배우려 할 때, 어디서부터 어떻게 시작해야 할지 몰라 당황스러웠던 경험이 있을 것이다. 물론 상대적으로 그 시작이 쉬워 보이는 분야도 있기는 하다. 등산을 하고 싶으면 일단 산까지 가서 걸어 오르면 될 것 같고, 수영을 하고 싶으면 일단 수영장에 가야 할 것 같고, 독서를 하고 싶으면 일단 서점에 가 책을 사면 될 것 같다. 하지만 철학을 하고 싶다면 무엇부터 해야 할까?

## 철학은 어떻게
## 시작해야 할까?

상대적으로 시작이 쉬워 보이는 분야가 있다고 표현했지만, 사실 무엇이든 시작하는 게 참 어렵다. 등산을 하고 싶다고 생각하면서도 등산화와 등산복을 고르는 데 푹 빠지기도 하고, 수영을 하고 싶다고 생각하면서도 강습센터를 고르는 일에 빠지기도 한다. 독서 역시 서점에 갈 시간조차 내지 못해 포기하기 부지기수다. 세상에는 상대적으로 무엇을 어떻게 시작하면 좋을지 잘 떠오르는 활동이 있고, 초심자를 위한 일반적이고 구체적인 가이드가 잘 마련되어 있는 분야가 있다.

철학은 어떨까? 철학을 하고 싶다! 그럼 일단 철학을 하면 되는가? 문제는 철학과 몸으로 부딪히고 싶어도 실행 단계에 돌입하기가 어렵다는 점이다. 도대체 철학은 어떻게 시작해야 할까?

우선 철학을 시작하려면 철학이 무엇인지 알아야 한다. 그런데 철학이 뭔지 도통 모르겠다. 내가 평소에 하는 생각과 철학은 어떤 방식으로 다른 것일까? 또 철학 초보자를 위한 일반적이고 구체적인 가이드가 있기

나 한 걸까? 사실 철학함을 위한 아주 구체적인 행동 지침이 제시되기는 어렵다. 사람들은 누구나 저마다의 상황과 조건 속에서 각자 주제를 정해놓고 생각하기 마련인데, 이러한 주제를 전부 포괄하면서 각각의 구체적인 상황과 조건에 딱 들어맞는 단계와 방법, 행동을 미리 정해 배포할 수가 없다. 친절하게 세부적인 부분까지 미리 지정된 지침이 있다고 해도 이를 따라 하는 것만으로 "철학한다."라고 말할 수 없는 것도 문제다.

그렇지만 처음 철학을 시작하려는 사람을 위해 가이드를 제공하는 일이 아예 불가능한 것만은 아니다. 우리(철학도 트라이)가 들으려는 수업의 이름 역시 '처음철학'이 아닌가. 그 가이드만으로 철학의 전부를 알았다고 할 수는 없어도 "일단 해보자!" 정도는 가능하다. 그래서 우리는 조금 더 자세하게, 철학이 무엇인지부터 살펴보려 한다. 일단 무엇을 하려면, 그것이 어떤 것인지 머릿속에 떠올라야 하기 때문이다. 다행스럽게도 우리에게는 소크라테스라는 동반자가 있다.


## 소크라테스와의 대화:
## 철학은 무엇인가?


**철학도 트라이**  소크라테스 선생님, 질문이 있어요. 철학은 무엇인가요? 제가 이렇게 선생님께 여쭤보는 일 자체도 철학인가요? 철학은 질문에서 시작한다는 것 같던데요.

소크라테스     (미소 지으며) 오, 정말 재미있는 질문이네요! 글쎄요, 저 자신도 그다지 잘 알고 있다고 할 수가 없어서요. 같이 생각해봅시다. 철학은 질문에서 시작한다고요?

**철학도 트라이**   아니, 제가 그렇게 말한 게 아니고요. 어디서 그렇게 들은 것 같습니다!

소크라테스     철학이 무엇인지 물었는데 본인이 이미 대답을 알고 있는 것 같네요. 철학은 '질문에서 시작하는 것'이라고요. 그런데 왜 굳이 다시 저에게 묻는 건가요?

**철학도 트라이**   정답인지 아닌지 확인하고 싶어서요.

소크라테스     정답이라…. '정답(正答)'은 틀리지 않은 올바른 답을 의미하는 것이겠지요?

**철학도 트라이**   네.

소크라테스     트라이님이 생각하기에 어떤 것 같나요? 정답인 것 같아요?

**철학도 트라이**   틀린 답은 아닌 것 같은데 그게 전부가 아닌 것 같아서요.

소크라테스     전부가 아니라면, 충분한 답변은 아니라는 말이 되겠네요. 왜 충분하지 않을까요?

**철학도 트라이**   제가 처음에 여쭤본 것처럼 만일 철학이 질문에서 시작한다면, 그러니까 질문을 통해 철학이 시작되는 것이라면 제가 평소에 무언가 물어보고 다니는 행동도 전부 철학인걸까 싶어서요. 그런데 그러한 행동이 철학이라는 확신이 들지 않아서 설명이 더 필요합니다.

소크라테스     철학적 질문과 비철학적 질문이 구분된다고 생각하고 있군요.

어떤 점에서 그럴까요?

**철학도 트라이** 어, 어, 그러니까 철학적 질문은 모르겠고, 비철학적 질문은…. 아, 이것도 어려운데요.

소크라테스 그럼 트라이님이 생각하기에 철학적 질문이 아닌 것 같은 질문은 어떤 것인가요?

**철학도 트라이** 예를 들면 '오늘 최고 기온과 최저 기온은 어떻게 되지?' '오늘부터 택시 기본요금이 오른다던데, 얼마라고요?' '어제 서울에서 오로라가 관찰되었다면서?' '넌 진짜 말을 그렇게밖에 못 해?' 등이 있지요.

소크라테스 좋아요. 그럼 지금 예시로 든 질문들의 공통점을 찾아볼까요?

**철학도 트라이** (잠시 생각한다.) 공통점이요? 그냥 생각나는 대로 말한 건데. 음, 정답을 확인할 수 있다는 게 공통점 아닐까요? 최고 기온과 최저 기온은 검색해서 비교해보면 되고, 택시 기본요금도 얼마 올랐는지 확인할 수 있고, 서울에서 관찰된 오로라도 정말 그런 일이 있었는지 확인하면 되니까요. 오, 그럼 철학적 질문은 정답을 확인할 수 없는 질문인 건가요?

소크라테스 하나를 빠뜨렸네요. '넌 진짜 말을 그렇게밖에 못 해?'까지 포함해야지요. 그 질문까지 포함해서 철학적이지 않은 질문의 공통점을 찾은 건가요?

**철학도 트라이** (다시 생각한다.) 그 질문은 좀 다른 것 같아요. 그 질문은 제가 적절하지 않은 예시를 든 것 같네요.

소크라테스 왜요? 다른 예시와 어떻게 다르죠?

**철학도 트라이** 그건 질문이라기보다 질문의 탈을 쓴 비꼬는 말 같아요. 정말로 답을 몰라서 알고 싶어서 물어보는 게 아니라, 상대가 말하는 방식이 마음에 안 든다는 걸 질문이라는 형식을 빌려 날카롭게 표현한 말 같이요. 그러니까 그건 뺄게요.

소크라테스  그렇군요. 그렇다면 질문이라는 건 정말로 답을 몰라서, 알고 싶어서 물어보는 것이네요. 결국 철학적 질문도 정말로 답을 몰라서, 알고 싶어서 물어보는 것이겠죠? 모든 질문은 알고 싶어서 물어보는 것일 텐데, 그 안에서 다시 철학적 질문과 비철학적 질문이 구분된다니 흥미롭네요. 트라이님의 생각은 어떠신가요?

**철학도 트라이**  (언제쯤 철학의 정체에 도달할 수 있을지 걱정스럽다.) 제 생각은요.


## 철학과 철학이 아닌 것:
## 생각하는 방식이 차이를 만든다


철학적인 질문도 비철학적인 질문도 질문이라는 공통점이 있다. 그렇다면 둘의 차이는 무엇일까? 철학은 무엇이고, 비철학은 무엇인가? 20세기 영국의 철학자 버트런드 러셀(Bertrand Russell)은 철학의 가치가 다른 학문의 가치와는 꽤 다르다고 말한다. 철학이 일반 학문의 특징과 다른 특징을 갖고 있기 때문이다. 철학(philosophy)의 정체는 그리스어 어원에 따라 지혜(sophia)를 사랑 혹은 친애(philos)하는 학문이라고 이야기되곤 하는데, 이런 표현은 다소 막연하다.[a] 러셀은 비전공자를 위해 철학

과 다른 학문의 연구 대상, 연구 목적, 연구 방법 등을 비교하면서 그 특징을 설명한다.[b]

### 1. 철학의 연구 대상

철학은 하나의 학문인 만큼 다른 학문과 마찬가지로 앎을 추구한다. 그렇다면 철학은 어떤 종류의 앎을 추구하는 학문일까? 일반적으로 어떤 특정 학문이 무엇인지를 밝힐 때, 우리는 학문이 다루는 연구 대상과 그 연구 목적을 규정한다. 예를 들어 한국어학이라면 한국어를 다루고, 경제학이라면 경제를 다룰 것이다.

철학은 어떤가? 철학의 연구 대상은 세계의 모든 것이다. 거창하게는 우주라고도 할 수 있겠다. 철학은 인간, 동물, 물건, 자연 환경, 사건 등 모든 것을 다 다룰 수 있다. 심지어 철학은 '현실에 있지 않은 것' 혹은 '있을 수 없는 것' 또한 다룰 수 있다. 예를 들어 꿈의 세계나 한 번도 실현되지 않은 이상적 세계, 아직까지 상상된 적이 없는 세계, 있는지 없는지도 모호한 유령 세계, 둥근 사각형처럼 모순된 세계까지도 다룰 수 있다. 우리가 이미 그런 것을 떠올려 생각하고 있기 때문이다. 우리의 생각으로 인해 그들은 이미 우리의 세계 안에 포함되어 있다. 조금 어려운 말로 하면 철학은 존재(있음)와 비존재(없음), 그리고 그 둘의 중간 혹은 종합인 생성(있다가 없어지고, 없다가 생겨나는 것)을 모두 다룬다. 삶과 죽음 그리고 그 전환의 과정 전부가 철학의 대상인 셈이다.

생각은 어떻게 있을 수 있는가? 우리가 살아서 생각을 만들어냈기 때문이다. 생각과 관련된 모든 것을 다루는 일은 우리의 삶과 결코 분리될 수 없다. 따라서 철학이 다루는 '모든 것'이란, 그러니까 철학의 연구 대상으로 세계 혹은 우주란 결국 우리의 삶(삶의 반대인 죽음을 포함해서)을 둘러싼 모든 것이다.

## 2. 철학의 연구 목적: 이해와 실천

왜 철학은 이 모든 것을 전부 다 다룰까? 철학의 목적은 인간은 물론이고 존재하지 않는 것까지 모두 포함해 세계를 이해하는 데 있기 때문이다. 세계가 무엇인지 정확히 알고 전체적으로 이해해 다시 스스로 설명할 수 있는 것. 이것이 철학 연구의 이론적 목적이다.

그럼 왜 이해해야 할까? 우리가 이 세계에 속해 있고, 이 세계와 함께 살아가야 하기 때문이다. 알아야 행동할 수 있으니까. 물론 몰라도 행동할 수 있지만 알고 행동하는 편이 훨씬 좋다. 철학 연구의 또 다른 목적은 좋은 삶을 실제로 살기 위해서, 다시 말해 좋은 삶을 실천하기 위해서다. 좋은 삶의 실천 방법을 알고, 스스로 행하고, 다른 사람에게도 전하기 위해서다. 철학을 '학문'으로 만들어주는 핵심 요인은 이론적 체계이겠지만, 이론적 목적은 실천적 목적과 분리될 수 없다. 우리는 살아 있기 때문에 생각하고, 이해하려 하고, 무언가를 잘하고 싶어 한다.

러셀은 철학이 세계를 이해하려는 이론적 목적, 그리고 그 이해와 함께 실제로 좋은 삶을 살려는 실천적 목적이라는 두 가지 연구 목적을 동시에 가진다고 말한다. 하지만 이것으로는 부족하다. 잘 살기 위해 이해한다는 목적은 다른 학문에도 통하는 것이 아닌가? 게다가 철학은 다른 학문이 다루는 대상을 전부 다룰 수 있으니 연구 대상의 측면에서도 철학과 철학이 아닌 것의 차이를 꼬집어낼 수가 없다. 철학도 트라이의 질문은 여기서도 통하고 있는 것이다. 철학적인 것과 비철학적인 것은 뭔가 다른 것 같긴 한데, 도대체 어떻게 다른 것일까?

"질문에서 시작한다."라는 답변은 너무 광범위하다. 광범위한 대답은 구체적인 차이를 드러내지 못하기 때문에 무언가의 정체를 밝히기에 충분한 답변이 될 수 없다. 그러므로 철학이라는 학문의 특징은 연구 대상과 연구 목적에 의해서는 충분히 드러나지 않는다. 연구 방법은 어떨까? 철학의 핵심적인 연구 방법은 누가 뭐래도 '생각'이다. 그러나 다른 학문도 다 생각은 한다. 러셀을 비롯해 많은 철학자들은 철학이 다루는 연구 대상이나 연구 목적이 너무 광범위하기 때문에, 철학의 독특성은 생각하는 '방식'에서 드러난다고 말한다.

철학의 연구 대상과 목적, 주된 연구 방법을 정리하면 다음과 같다.

> **연구 대상** 우리의 삶에서 비롯한 모든 생각들. 곧 삶(죽음), 세계, 우주 전체
>
> **연구 목적** 철학의 연구 목적은 이론적인 동시에 실천적이다. 이론적 목적은 세계의 구조를 이해하고 설명하는 데 있고, 실천적 목적은 좋은 삶의 실천 방법을 찾아 행하고 전하는 데 있다.
>
> **주된 연구 방법** 생각

# 소크라테스처럼 생각하기 ①

**철학적으로 생각하기, 기초편**

철학의 독특성은 다루는 대상이 아니라 생각하는 방식에서 드러난다. 도대체 철학적으로 사고하는 게 무엇이고, 어떤 식으로 사고하는 것이기에 독특하다는 걸까? 소크라테스식 대화의 특징을 살펴보면 철학적 사고방식의 가장 기초적인 특징을 찾아볼 수 있다.

"선생님, 우리 지금 어디 가요?"

"우리 지금 A의 집에 가지요."

"왜 이 길로 가요?"

"이 길이 A의 집으로 가는 길이니까요."

"왜 이 길이 A의 집으로 가는 길이에요?"

"이 길을 따라가면 집에 도착할 수 있어서요."

"왜 이 길로 가면 A의 집에 도착해요?"

"이 길이 A의 집이랑 바로 연결되어 있어서요."

"왜 이 길이 A의 집이랑 연결되어 있어요?[1]"

   글쓴이가 실제로 겪었던 어린아이와의 대화다. 어른이라면 대화가 이런 식으로 이어지지 않았을 것이다. 성인과의 대화가 이런 식이었다면, 사람들은 대화 상대방이 자신을 놀리거나 괴롭히고 싶어 한다고 생각할지 모른다.

   이런 식으로 꼬리에 꼬리를 무는 질문은 형태는 질문이지만, 자신이 물어보고 싶은 것이 무엇이고 어떤 대답이 나올지에 대해서는 관심이 없는 질문이다. 그러나 아이에게는 질문을 통해 다른 사람을 괴롭히거나 놀리려는 목적이 없다. 아이는 정말로 '왜 이 길이 집에 가는 길인지' 알고 싶어 한다. 실제로 아이들은 자기 스스로 정말로 알게 되어 충분히 만족스럽다고 생각할 때까지 질문을 멈추지 않는다. 소크라테스와의 대화도 마찬가지다.

---

1  참고로 이 대화는 아이의 물음에 충분한 답변을 제시하지 못한 내가 다시 아이에게 질문을 하고, 서로 '질문자-답변자' 역할을 번갈아 맡아 대화를 풀어가다가 아이 스스로 답을 찾아내며 마무리되었다.

## 철학적 사고방식:
## 한계 없는 물음

소크라테스의 대화에서 가장 눈에 띄는 특징은 질문이 끊이지 않는다는 점이다. 소크라테스는 결코 봐주는 법이 없다. 그의 질문은 멈추지 않는다. 당신의 질문은 무엇인가요? 그 말의 뜻은 무엇이죠? 그 대답은 말의 의미가 아니라 그 말이 해당하는 사례를 드는 것인데, 각 사례를 모두 그런 말로 묶어서 표현할 수 있는 공통점은 무엇인가요? 그런데 그 답변은 특정 경우에만 해당하고 다른 경우에는 들어맞지 않는 것 같아요. 그렇다면 다른 답변을 찾아야 하지 않을까요? 당신은 어떻게 생각하세요?

소크라테스의 물음은 앎을 얻을 때까지 멈추지 않는다. 그러나 일상적인 대화는 보통 적당한 순간 멈추고 추궁하지 않은 채 다음 이야기로 넘어간다. 일상적 대화의 목적은 정확한 앎을 얻기보다, 그 순간 적절하게 사용할 수 있는 정보를 얻거나 타인과의 사회적 교류 활동 그 자체에 있기 때문이다. 그런 방식으로 적당하게 넘어가는 대화는 우리에게 위안을 준다. 내가 무엇인가를 어느 정도는 알고 있다는 기분을 느끼게 하기 때문이다. 이러한 기분은 적당한 정도의 앎과 쓸모를 가지고 있다고 생각하는 일에 도움을 줄 수 있고, 나를 편하게 한다. 내가 어느 정도 알고 있는 만큼, 나는 어느 정도 쓸모 있는 사람이라고 믿을 수 있기 때문이다(정말로 어느 정도 알고 있는지를 확인하지 않는 것이 핵심이다).

문제는 소크라테스가 한 번, 혹은 두 번만 더 물어봐도 내가 당연하게 여겨왔던 생각들이 금세 무너진다는 점이다.

**소크라테스**　그러고 보니 트라이님과 함께한 지도 꽤 오래되었는데, 트라이님이 어떤 사람인지 개인적인 이야기는 아직 나누지 못했네요. 트라이님에 대해서 좀 더 알고 싶어요. 트라이님은 어떤 사람인지, 저에게 스스로를 소개해주시겠어요?

**철학도 트라이**　자기소개요? 여기서도 자기소개를 하게 될지는 몰랐네요. 저는 대한민국이라는 곳에서 태어났습니다. 하는 일은, 요즘에는 일을 그만두고 이직을 하거나 전직을 할까 고민 중입니다.

**소크라테스**　잠깐만요, 트라이님. 말씀 중에 죄송합니다. 저는 출신이나 인종, 성별 등에 따라 사람을 다르게 대하지 않아요. 그런 것도 그 사람을 설명해주는 커다란 틀이기는 하지만 '어떤 마음으로 삶을 사는지' 말해주는 정보는 아니니까요. 저는 트라이님이 스스로를 어떤 사람이라고 생각하는지가 더 알고 싶어요.

**철학도 트라이**　(잠시 생각에 잠긴다.) 제가 저를 어떻게 생각하냐고요? 사실 요즘 이것저것 생각하다 보니까 저 자신에 대해서도 혼란스러워요.

**소크라테스**　천천히 생각해보세요. 생각할 시간은 얼마든지 있으니까요. 그렇지만 때로는 반사적인 대답에서도 힌트를 찾을 수 있습니다. 그게 나에게 가장 익숙한 생각이라는 뜻일 테니까요. 트라이님은 어떤 사람인가요?

**철학도 트라이**　저는 일단 행복해하고 싶어 하는 사람이고요. 사람들이랑 무난히 지내고 싶어 하면서도 마음속에 있는 말을 잘 못 참아서 싸우기도 하고요. 저는 제 생각보다 다혈질적인 성격인 걸까요?

**소크라테스**　트라이님이 생각하시는 '다혈질적인 성격'이라는 것은 뭐죠?

**철학도 트라이**　(이제는 질문이 되돌아와도 놀랍지 않다.) 아, 네. 글쎄요.


나는 어떤 사람인지 스스로에게 물어보자. 대답이 나왔는가? 그럼 다시 한번 물어보자. 나는 어떤 사람인가? 실제로 사람들에게 "나는 어떤 사람인가?"라는 질문과 함께 십여 개의 빈 칸을 주면, 많은 사람들이 뒤로 갈수록 할 말을 찾지 못한다.

대개 처음의 답변은 스스로 의심의 여지가 없다고 믿는 것을 적는다. '나는 학생이다.' '나는 한국인이다.' 같은 종류의 답변이 그렇다. 만일 자신이 명랑한 사람이라고 확신한다고 가정해보자. 자신만 그렇게 생각하는 것이 아니라 남들도 동의한다면 명랑한 사람이라는 말은 억지로 꾸며낸 이야기는 아니다. 그러나 다시 한번 파고들어 스스로에게 물어보면 어떨까? "명랑하다는 것은 어떤 것인가?" 하고 말이다.

소크라테스의 질문이 이어지는 까닭은 단 하나다. 모르기 때문이다. 모르니까 알고 싶어서 계속 묻게 된다. 소크라테스는 대부분의 대화에서 "나도 그 질문에 대한 답을 잘 모르기 때문에 같이 생각해보자."라고 분명하게 표현한다. 그래서 철학적 질문에는 성역이 없다. 여기까지만 물어보고, 여기서부터는 건드리기 까다롭고 위험하니까 건드리지 말자고 남겨두지 않는다. 그런 의미에서 철학은 반항적이다. 기존의

## 나는 어떤 사람인가?

1. 나는 명랑한 사람이다.

2.

3.

4.

5.

6.

7.

8.

9.

10.

(나를 설명하는 서술은 계속 이어질 수 있다.)

권위와 관습 또한 철학의 앎을 향한 끊임없는 물음과 검토에서 면제되지 않기 때문이다.

철학적 질문을 통해 우리는 모르는 것이 무엇인지 알고, 모르는 것을 인정하고, 모르는 것을 알게 될 때까지 끊임없이 탐구할 수 있다. 어쩌면 철학에는 '완성(완료)'이라 할 만한 것이 없다. 철학은 언제나 진행형이며, 그래서 철학적 사고는 언제나 개방적이다. 철학적 사고방식은 자신의 한계선을 미리 긋지 않는다. 그러므로 소크라테스는 '다 아는 사람'이 아니라 언제나 '모르는 사람'으로 남는 것이다.

> 철학적 생각하기, 하나 적당한 곳에서 멈추지 않고, 앎을 향해 계속해서 질문하기.


## 역방향으로 나아가다:
## 근본과 근거 찾기

앎을 향한 한계 없는 질문과 탐구는 철학적 사고방식의 또 다른 특징으로 이어진다. 적당한 순간 멈추지 않고 확실한 앎을 찾을 때까지 계속 물음을 밀고 나가면, 우리는 평소에 물어볼 일 없이 당연하게 받아들였던 것까지 다시 물어보게 된다.

우리가 평소에 당연하게 받아들인 것은 대개 '자연'이나 '사실' 혹은 '상식'이라는 이름표를 달고 있다. "인간이 이러이러한 것은 자연스러운 거야."라거나 "지금까지 그렇게 해온 것이 사실인 걸 어떡해?" "상식적인 생각과 어긋나는 것은 받아들일 수 없어."와 같은 식이다. 이러한 이름표는 양면으로 제작되었는데, 그 뒷면에는 '원래 그런 거야, 어쩔 수 없잖아.'라고 적혀 있다. 예전에는 혈통에 따라 인간의 귀천과 대우가 나뉘는 것이 자연스러운 상식이었고, 모두가 그 생각과 행동을 바꿀 수 없는 사실로 받아들였다. 어쩔 수 없는 일이니 바꾸는 것보다 받아들이고 적응하는 게 훨씬 나은 선택지처럼 보였다. 그러나 소크라테스는 묻는다. 그것이 정말 상식일까? 정말 사실일까? 그렇다면 도대체 상식이나 사실은 어떤 것일까?

**메논** 　　 소크라테스 선생님, 안녕하세요? 저는 오늘 탁월함에 대한 선생님의 고견을 듣고 싶습니다. 탁월함은 어떻게 얻을 수 있는 건가요?

**철학도 트라이** 　저, 말씀 중에 죄송하지만 메논 씨. 탁월함이 무슨 뜻이죠? 저한테는 너무 낯선 표현이라서요.

**메논** 　　 아, 철학도 트라이님은 이 표현이 낯설겠네요. 우리 그리스인은 정말 잘하는 것을 아레테(arete), 곧 탁월함이라고 표현합니다. 우리는 망치 등의 연장을 잘 쓰거나, 시를 잘 짓거나, 공동체 운영을 논하는 정치 활동을 잘하거나, 다른 이들과의 관계 속에서 좋은 사람으로 살아가는 등 모든 영역에서 탁월함이라는 표현을 씁니다. 제가 소크라테스 선생님에게 묻고 싶은 질문은 이렇습니다. 탁월함은 학습으로 얻을 수 있는 것인가요? 그러니까 누가 가르쳐주면 배울 수 있는 건지, 아니면 학습으로 배우는 건 불가능하지만 열심히 연마하면 얻을 수 있는 건지, 그것도 아니면 천부적인 재능의 문제인지 궁금합니다.

플라톤의 저서 『메논』에서 메논(menon)은 소크라테스에게 탁월함에 대해 묻는다. 탁월함이 교육 가능한 것인지, 타고난 것인지를 헤아리고 싶었기 때문이다.

**철학도 트라이**  아, 이런 건가요? 제가 사는 곳에서는 예술 활동에 대해 비슷한 질문을 하거든요. 예술은 과연 학습될 수 있는 것인지, 아니면 재능을 타고나야 하는 것인지, 그것도 아니면 꾸준히 훈련하면 점차 향상될 수 있는 것인지 궁금해하는 사람들이 많습니다. 아마 그런 의문인 것 같네요.

소크라테스  (흐뭇하게 웃으며) 벌써 둘이 대화가 되네요. 그런데 메논, 아쉽지만 나는 탁월함이 뭔지조차 모르기 때문에 메논의 질문에 답하기가 어려울 것 같아요.

**메논**  말도 안 됩니다, 선생님. 정말로 탁월함이 뭔지 모르시는 건가요? 저 사람들한테 선생님이 이 정도도 모른다고 소문냅니다? 그래도 괜찮으신가요?

소크라테스  물론이죠, 그런데 그 소식을 전할 때 같이 알려주었으면 하는 것이 있어요. 저는 아직 탁월함이 무엇인지 알고 있는 사람을 단 한 명도 만난 적이 없고, 전해 들은 적도 없다고요.

**메논**  아니, 지금 무슨 말씀이시죠? 제 주변만 해도 고르기아스[2] 선생님께서 이미 탁월함에 대해 말씀하셨습니다. 선생님도 고르기아스 선생님

---

2 편집자주) 고대 그리스의 철학자. 고르기아스(Gorgias)는 대표적인 소피스트로 수사학에 뛰어났다.

을 만난 적이 있지 않으십니까?

소크라테스    제가 기억력이 별로 좋지 않아서요. 일단 메논 당신이 생각하는 탁월함이 무엇인지 먼저 알려주겠어요?<sup>c</sup>

소크라테스는 해답으로 나아가기 전에 먼저 논의 대상이 되는 탁월함이 무엇인지를 되묻는다. 이는 플라톤의 다른 『대화편』에서도 마찬가지다. 그는 누군가 다양한 아름다움의 사례를 늘어놓으면 먼저 아름다움이 무엇인지를 알아내려 했고, 누군가 어떻게 용감한 사람이 될 수 있는지를 물어보면 용기가 무엇인지부터 검토했다. 탁월함에 대한 물음에도 역시 탁월함이 무엇인지부터 검토했다.

일반적인 질문은 앞으로 나아가려는(progressive) 특징이 있다. 나아가기 위해 다음 발걸음에 대해 묻는 것이다. 이러저러한 사건이나 물건이 주제가 되면 일단 그것이 존재한다는 부분은 '사실'로서 받아들여진다. 그렇게 받아들이고 나면 이제 주된 관심은 '어떻게 할 것인가?' '어떻게 잘 할 것인가?'에 집중되는데, 우리가 일상에서 던지는 질문이나 소위 '실용적'이라고 여겨지는 학문이 다루는 물음은 주로 그런 종류의 것이다. 어떻게 좋은 사람을 만날 수 있을지, 어떻게 건강해질 것인지, 어떻게 돈을 잘 불릴 것인지, 어떻게 시험에 합격할 것인지, 어떻게 공간을 활용할 것인지 등 많은 실용적인 물음들은 '어떻게'의 연속이다. 그러나 철학적 질문은 그 방향이 거꾸로다.

예를 들어 사람들은 대개 내가 어떻게 하면 사랑받을 수 있을지, 어떻

게 하면 괜찮은 상대를 찾을 수 있을지 묻곤 한다. 20세기 미국의 정신
분석학자이자 철학자인 에리히 프롬(Erich Fromm)은 이러한 물음보다 사
랑이 무엇인지를 묻는 것이 먼저임을 짚어준다. 먼저 지금까지 사랑이라
믿어왔던 감정이 실은 집착이나 소유욕에 머무는 것은 아닌지 되묻고,
이를 확인하고 나서 자연스럽게 사랑이 무엇인지를 묻는 질문으로 향하
게 된다.

사람들이 소위 '마음의 병'이라고 하는 것을 어떻게 치료할 수 있는지
물으면 야스퍼스는 먼저 마음의 병이 무엇이며 치료란 어떤 것인지, 건
강이 무엇을 뜻하는지를 묻는다. 사람들이 어떻게 하면 행복해지냐고 물
으면 임마누엘 칸트(Immanuel Kant)는 먼저 행복이 무엇이냐고 묻고, 삶의
우선순위가 반드시 행복이어야 하는지를 묻는다. 칸트에게 사람이 사람
답게 사는지 아닌지는 지금 행복을 느끼는지 아닌지에 달려 있지 않다.
그렇다면 사람이 사람답게 산다는 것은 어떤 의미일까? 아리스토텔레스
에게 어떻게 하면 사람답게 잘 살게 되는지를 물으면 "사람은 무엇이고,
사람의 잘 – 삶이란 어떤 것입니까?"란 질문이 되돌아올 것이다.

물론 철학적 사유가 '어떻게'에 대해 전혀 관심이 없는 것은 아니다. 그
러나 우리는 아무렇게나 내뱉는 '어떻게'가 아니라 정말로 물음에 적합
한 '어떻게'를 알고자 한다. 그러므로 어떤 답변이 거짓이 아니고, 가장
적합한 답변이 어떤 것인지 판별할 수 있는 기준을 찾기 위해 다시 주제
의 가장 밑바닥으로 돌아갈 수밖에 없다. 철학적 질문은 일반적 물음과
달리 그 방향을 거꾸로 돌려 가장 밑바닥에 놓인 것으로 향한다. 이러한

특징을 조금 어려운 말로 역진적(regressive)이라고도 한다.[d] 철학의 역진적 물음은 가장 밑바닥을 향하고, 그러므로 모든 것에 대해 가장 바탕이 되는 것, 다시 말해 근본(根本)적인 것을 묻고 검토하는 활동이다.

## 학문들의 학문, 철학

　　　　현대 사회에는 다양한 학문이 있고, 일견 철학과 거의 상관없을 것 같은 학문도 많다. "철학이 밥 먹여주나."라는 말이 있는데, 이 말에 따르면 밥벌이에 매우 도움이 되는 학문은 철학과 거리가 먼 것처럼 보인다. 그러나 어떤 학문이든 학문은 자신이 다루는 대상, 원리, 방법론이 무엇인지 제시하고 설명할 수 있어야 한다. 그것이 없으면 애초에 학문으로 성립될 수가 없기 때문이다. 경영학 혹은 수학 등을 생각해보자. 사람들은 경영을 잘하는 것, 수를 잘 다루는 것을 빨리 알고 싶겠지만 '잘하기' 위해서는 잘하려는 것이 무엇이고 어떻게 하는 것이 잘하는 것인지 원리를 먼저 알아야 한다. 의학은 어떠한가? 의학은 질병과 건강을 다룬다. 그런데 병을 고치기 위해서는 병이 무엇이고, 병이 고쳐진 상태가 무엇인지를 먼저 알아야 한다.

　경영이란 무엇이고, 수는 무엇인가? 그저 잠시 아픈 것과 질병에 걸리는 것은 어떻게 다른가? 질병에 걸리지 않으면 건강한 것인가? 건강은 무엇인가? 이런 종류의 물음은 각 학문에 필수적인 것으로, 보통 학문이 다루는 대상과 관련된 가장 근본적인 것을 묻는다. 그런 의미에서 모든 학문은 항상 철학과 닿아 있고 철학적 활동을 포함할 수밖에 없다.

## 정당한 근거를
## 찾고 세운다

철학의 입장에서 바라보면 세상의 모든 학문은 철학이 탐구할 대상이기도 하다. 그러므로 철학의 물음은 특정 영역에 한정되지 않고 모든 영역에 걸쳐 있다. 각 학문이 특정한 대상 및 영역을 탐구한다면 철학은 다시 그 학문 자체를 탐구하는 셈이다. 그런 점에서 철학은 학문들에 대한 학문이며, 특정 학문 자체를 검토하는 일종의 메타적 학문이라고 칭하기도 한다. 아리스토텔레스는 이 같은 철학의 특징을 두고 "원리들의 원리를 다루는 학문"이라고 표현하기도 했다.

철학적 사유는 어떻게 하면 행복해지는지를 파고들어 도대체 행복이 무엇인지를 물어본다. 그런데 우리가 찾아낸 그 '무엇'이 정확한 것인지는 어떻게 확인할 수 있을까? 끊임없이 묻는 일이 특기인 철학적 사유는 다시 묻는다. 네가 찾아낸 기준은 '왜' 정답이니? 왜 그것이 정답이라고 생각하게 되었니?

'왜'의 물음은 말 그대로 근본을 건드린다. 밑바닥을 파내 그 생각의 뿌리를 확인하고, 제대로 뿌리내린 것만 남긴다. 뿌리가 약한 나무는 쉽게 흔들린다. 쉽게 흔들려서 언제라도 날아가거나 부러질 수 있는 나무가 앞으로도 계속 이 모습으로 여기에 있을 것이라고 믿기는 어렵다. 내가 찾아낸 답이 어떤 뿌리에서 비롯한 것인지, 그 뿌리는 튼튼한 것인지를 살펴보는 활동이 바로 근거(根據)를 찾는 일이다.

튼튼하게 자리 잡은 근거란 무엇인가? 누구나 무엇이든 "이것이 근거입니다."라고 내놓을 수는 있다. 그러나 근거가 정말로 뿌리 역할을 하는지, 제대로 뒷받침 역할을 하고 있는지가 중요하다. 근거가 자기 역할을 다 할 만큼 튼튼한지 검토하고 확인하며 증명하는 작업을 조금 어려운 말로 정당화(justification)라고 한다. 제대로 된 앎은 근거를 내놓는 데 그치지 않고, 그 근거가 정당한 것인지를 보여줘야 한다.

그런데 주의점이 있다. 정당화된 근거를 찾는 일은 단순히 이유를 원하는 것과 다르다. 철학에서 "인간은 왜 살고 있지?"를 물어본다고 하자. 이때 '왜'의 물음은 현생 인류가 어떻게 지구에서 살게 되었는지, 그 계기를 찾는 것이 아니다. 철학이 묻는 "왜 살고 있는가?"는 인간의 삶을 뒷받침할 수 있을 만큼 적합한 근거, 정당한 뿌리를 요구하는 것이다(그래서 그 대답이 어렵다). 토대를 파고드는 '왜' 물음은 지금이 어떻게 시작되었는지 그 이유(reason)를 묻는 것이 아니라, 어째서 지금과 같이 되었는지를 뒷받침하고 해명할 수 있는 근거(ground)를 찾는 것이다.

추리 소설의 범인 찾기를 생각해보자. "수수께끼는 모두 풀렸어, 바로 네가 범인이다!"가 맞는 말이 되려면 무엇보다 이 사람이 범인임을 확실히 확인하고 설명할 수 있는, 앞뒤가 맞고 설득력 있는 뒷받침이 필요하다. 이것이 바로 '정당화된 근거'다.[3] 정당한 근거를 찾고, 세우고, 다지는 것은 철학의 주요 업무이기도 하다. 앞서 철학은 학문의 원리, 기본 개념 등을 검토하기 때문에 모든 학문과 관련이 있다고 했다. 철학은 각학문의 기본 원리나 개념이 어떤 근거에 의존하고 있는지, 그 근거가 과연 정당한 것인지를 끊임없이 묻고 검토한다.

## 철학과
## 인생철학

그렇다면 사람들이 '인생철학'이라 부르는 것과 우리가 지금 만나고 있는 철학은 어떤 관계일까? 사람들은 가끔 "돈이 최고다." "인생은 한 방이다." "최후에 웃는 자가 웃는다." 등의 표현으로 자신의 인생철학을 설명한다. 그들은 모두 철학을 하고 있는 것일까?

먼저 잠시 음악을 들으며 우리의 인생철학에 관해 생각해보자. '벤 폴즈 파이브'라는 그룹의 'Philosophy'라는 곡을 추천한다. "너희가 날 비웃어도 좋아, 난 내 철학이 있고 내 철학을 굳게 믿으며 나아가고 있으니까."라는 내용의 노래다. 나 자신의 인생철학은 무엇인가? 인상적으로

---

3 근거의 정당화는 4장과 5장에서 더 상세히 다루겠다.

지금 현재, 나의 인생철학은 무엇인가? 내가 살면서 가장 기본적이라고 생각하는 가치 혹은 삶의 방식들을 적어보자.

1.

2.

3.

4.

5.

6.

7.

8.

9.

10.

누군가가 나의 마음속에 들어와 같이 생활해야 한다고 가정해보자. 상대방에게 나를 방해하지 않게 하며, 나를 이해시키기 위한 동거 수칙을 제안해야 한다면 어떤 규칙을 제시하겠는가? 순서와 상관없이 생각나는 대로 적어보자. 이후 우선순위에 따라 번호를 매겨본다.

들었던 타인의 인생철학은 무엇인가?

우리가 인생철학을 통해 말하려는 내용을 잘 생각해보면, 인생철학은 어떤 사람이 갖고 있는 삶의 가장 기본적인 태도와 신념을 의미함을 알수 있다. 삶의 신념은 오래 생각하고 한참 계산해서 나오는 것이 아니라 공기처럼 나의 삶 전반에 퍼져 있고, 자연스럽게 스며들어 있는 것이다. 깊게 생각하지 않아도 나는 이미 신념을 가지고 행동한다. 예를 들어 나는 '내가 무시당하면 안 되는 존재'라고 믿고 있기 때문에 의식적으로 그런 믿음을 떠올리지 않아도 나를 함부로 대하는 사람을 만나면 반발하고 기분이 나쁘다. 삶의 신념이란 한 사람의 삶의 토대가 되는 중요한 믿음 혹은 가치이고, 그런 점에서 철학의 근본성과 닿아 있다.

그런데 인생철학에 따라 살아가는 것과 철학적으로 생각한다는 것은 서로 다른 뜻이다. 철학은 모든 학문의 원리를 탐구 대상으로 삼아 검토하는데, 인생철학과 철학적 사고방식의 관계도 비슷하다. 철학적 사고방식은 인생철학을 만들어내는 일이 아니라, 나의 인생철학이 정확히 무슨 뜻이고 어떤 뒷받침 위에 서 있는지 묻고 검토하는 활동이다. 예를 들면 다음과 같은 질문을 던질 때 당신은 철학적으로 생각하고 있는 것이다.

> "나의 인생철학, 인생의 신념은 무엇이며 그 안에 담긴 정확한 의미는 무엇인가?"
> "검토하지 않았으면서 당연하다는 듯이 받아들이고 있는 것은 없는가?"
> "그 신념은 과연 신념으로 삼을 만큼 앞뒤가 맞고 의미 있는 것일까?"

사람마다 살면서 갖게 되는 기본적인 믿음이나 가치는 서로 다를 수 있고, 한 사람 안에도 서로 충돌하는 가치들이 있을 수 있다. 한편으로는 '누구에게나 공평하게 대하는 것이 가장 좋은 삶의 방식'이라고 생각하면서 다른 한편으로는 '나와 친한 사람을 잘 챙기는 것이 좋은 삶의 방식'이라고 생각할 수도 있다. 그리고 저 두 신념은 서로 자주 충돌할 것이다.

내가 적은 나의 인생철학을 살펴보자. 그들 중 서로 잦은 충돌을 일으키는 것은 없는가? 어떤 경우에, 왜 그러할까? 그중 어떤 것을 더 우선할 수 있을까? 그렇게 결정한 나의 판단은 과연 적절한 것일까?

그러므로 철학적 사고란 내 인생의 신념을 만들고 받아들이는 활동을 다시 검토하는 활동이다. 내가 받아들인 것이 정확히 무슨 의미인지, 과연 삶의 신념으로 삼을 만한 가치가 있는 것인지, 오히려 나를 괴롭히지는 않는지 등 그 근본을 검토하는 활동이다.

철학적 생각하기, 둘 근본으로 돌아가 근거를 찾기.

# 소크라테스처럼 생각하기 ②

**추상적이고 보편적인 사고**

철학적 물음은 언제나 물음을 던지는 '내'가 있기에 시작된다. 나는 진공 속에서 혼자 존재하는 게 아니라, 땅에 발을 붙인 채 다른 사람과 부대끼면서 살아간다. 여러 가지를 경험하며, 그 경험 속에서 물음이 생긴다. 그러므로 모든 물음은 '나'의 구체적인 상황과 사건에서 생겨난다. 그러나 철학적 사유는 점차 추상적인 생각으로 나아간다. 철학적 사고방식을 거치면 우리는 점점 처음 물어보기 시작한 구체적인 상황이나 사건에서 멀어진다. 이것은 문제를 더 흐릿하고 혼란스럽게 만드는 좋지 않은 사고방식이 아닐까? 이처럼 일상생활에서 추상은 어쩐지 우리의 문제 해결을 방해하는 것처럼 여겨지곤 한다. 하지만 철학적 사고방식에서 추상적 사유는 필수적이다. 용기를 논하는 소크라테스와 라케스(Laches)[4]의 대화를 살펴보자.


## 추상적으로 생각하기:
## 내 경험에만 갇히지 않기

**소크라테스**  트라이님, 마침 잘 오셨어요. 지금 라케스님과 용기에 대해 함께 이야기하고 있었습니다. 라케스, 우리가 어디까지 이야기했었지요?[e]

**라케스**  내가 너한테 용기가 교육을 통해 길러질 수 있는 것인지, 만일 그런 것이라면 어떻게 젊은이들에게 용기를 기르게 할 것인지를 물어봤지. 그랬더니 네가 일단 용기가 무엇인지를 짚어보자고 했어.

**소크라테스**  라케스, 그럼 용기가 무엇인가요?

**철학도 트라이**  (대화를 잘 듣기 위해 옆자리에 앉는다.) 저도 무척 궁금하네요.

**라케스**  나도 그렇고 너도 전쟁에 참전해서 잘 알겠지만 용기하면 군인 아니겠어? 용감한 군인은 결코 물러서지 않지. 자기 자리를 끝까지 지키면서 적과 싸우고 후퇴하지 않는 군인이야말로 용기 있는 사람이라고 생각해.

**소크라테스**  라케스는 제가 드린 질문과 조금 다른 답변을 하고 있네요. 물

---

4 편집자주) 플라톤의 『라케스』에 등장하는 인물로, 펠로폰네소스 전쟁을 겪은 아테네의 장군이다.

론 라케스가 말하는 것도 용기입니다. 그런데 말입니다. 자기 자리를 지키지 않고 후퇴하면서 저기 싸우는 사람은 어떨까요?

**라케스**　　어떻게 그런 일이 가능해? 후퇴하면서 싸운다고?

**소크라테스**　　스키티아 사람은 후퇴하기 위해 이동하면서도 적과 잘 싸운다고 합니다. 우리 그리스의 위대한 시인 호메로스(Homeros)도 추격할 때와 도망칠 때를 잘 분별하는 것이 중요하다고 말했죠. 두려운 것이 무엇인지, 후퇴할 시기가 언제인지를 아는 것이 매우 중요하다고요. 호메로스는 아이네이아스(Aeneas)[5] 가 그런 것을 무척 잘 알고 행하는 군인이라고 칭찬했어요.

**라케스**　　물론 호메로스의 이야기도 맞아. 하지만 소크라테스, 호메로스가 칭송하는 아이네이아스는 전차를 사용하는 군인이라고. 그리고 내가 말하는 것은 스키티아 사람이 아니라 그리스 보병의 이야기야. 용기 있는 그리스 보병은 자기 위치를 지키면서 물러섬 없이 싸우는 군인이지.

**철학도 트라이**　　하지만 아무 상황에서나 무조건 싸울 수는 없잖아요. 그리스 보병이라고 해도 불리한 상황에서 무조건 싸우느라 다 전사해 다음에 이길 수 있는 기회를 놓치면 그건 너무 무모한 짓 아닌가요?

**라케스**　　엇, 그건 그렇지.

**소크라테스**　　많은 사람들이 전투에서 퇴각하는 것을 껄끄러워합니다. 겁쟁이라는 비난을 받기 때문이지요. 그렇다면 겁쟁이라는 비난이 두려워서 불

---

5 편집자주) 신화에 등장하는 영웅. 아이네이아스는 트로이가 패망한 뒤 트로이 유민을 이끌고 이탈리아로 건너가 로마의 모태가 되는 새 나라를 건국했다.

리한 상황에서도 퇴각하지 않고 많은 군사들을 위험에 빠뜨리는 사람은 어떨까요? 그 사람은 용감한 사람인가요?

**라케스**　에이, 그건 아니지! 상황을 적절하게 판단하고 사람의 목숨을 귀하게 여기는 일보다, 다른 사람이 자신을 어떻게 볼지 평판만을 신경 쓰는 건 비겁한 행동이야. 용기는 무슨! 그런 사람이야말로 나약한 겁쟁이라고.

소크라테스　라케스, 그럼 당신이 처음에 말한 것처럼 후퇴하지 않는 그리스 보병만이 용감하다고 할 수는 없겠네요. 애초에 라케스가 물어본 것도 그리스 보병의 용기나 군인의 용기에 대한 것은 아니었지요.

**라케스**　음, 그러고 보니 그렇네.

소크라테스　그럼 다시 묻겠습니다. 용기는 무엇입니까? 당장 떠오르는 것은 그리스 보병의 용기나 군인의 용기일 수 있지만, 그 외에 다른 경우도 생각해볼까요? 라케스, 세상의 모든 용기를 생각해보세요. 용기란 무엇이지요?

**라케스**　세상의 모든 용기?

소크라테스　라케스는 군인에게만 용기가 있다고 생각하시나요? 용감한 학생, 용감한 선생님, 용감한 선장, 용감한 의사, 용감한 환자 같은 경우는 없을까요? 다시 말하면 전쟁을 할 때만 용기를 발휘할 수 있나요, 아니면 다른 상황에서도 용기 있는 행동이 가능한가요?

**라케스**　아하, 이런 식의 대답을 원한 것이구나. 물론 군인만 용감한 것은 아니야. 다들 용감할 수 있고, 어떤 상황에서든 용기 있는 행동은 가능하지.

**철학도 트라이**　(깨달음을 얻고 눈을 번뜩인다.) 그러니까 모든 경우에 적용되는 공통된 용기를 찾아야겠네요!

**소크라테스** 　그래요. 서로 다른 상황, 서로 다른 사람들에 대해서도 우리는 동일하게 '용기'나 '용감함'이라는 말을 씁니다. 서로 다른 경우에 대해서도 "용기있다."라고 평가할 수 있게 하는 공통점은 무엇일까요?

**라케스** 　아마 정신력이 아닐까? 더 정확히 말하면 '인내하는 정신력' 말일세. 내가 생각해보니까 처음에 말했던 물러서지 않고 싸우는 것이나, 겁쟁이라는 비난보다 더 많은 사람을 살리기 위해 후퇴하는 것이나, 자신의 평판보다 올바른 판단에 신경 쓰는 것 등이 그런 정신력 같아. 네가 용감한 환자라고 하니까 생각났는데, 엄습해오는 공포나 질병의 고통을 견디는 환자도 용기 있는 것 같거든. 그러니까 용기 있거나 용감하다고 생각되는 경우를 다 떠올려보면 인내하는 정신력이 공통점 아닐까?

**철학도 트라이** 　하지만 뭔가 충분하지 않은 것 같아요. 그럼 인내하면 다 용기가 있는 것인가요? 만일 어떤 사람이 다른 사람들에게 부당한 이유로 차별을 받고 있는데, 그걸 제가 참고 지켜보면 그건 용기 있는 행동인가요?

**라케스** 　아니, 그런 건 용기라고 할 수 없지. 그걸 그냥 참고 지켜보기만 하는 건 자신이 부당한 일을 겪지 않으니까 남이 겪는 부당한 일을 그냥 지나치려는 것이지. 어떤 경우에는 참고 견디는 것이 용감한 행동이겠지만, 어떤 경우에는 부당한 행동에 맞서 약자의 편에 서는 게 용감한 행동이지.

**철학도 트라이** 　그럼 라케스님이 생각하는 용기는 그저 인내하기만 하는 정신력이 아니라, 상황에 따라 적절하게 행동하는 것을 뒷받침해줄 정신력 아닐까요?

용기에 관한 라케스의 생각은 자신이 경험했기 때문에 잘 알고 있는 특수한 경우인 그리스 보병의 용기에서 시작한다. 그러나 대화를 하면서 라케스는 그 자신이 겪었던 개인적인 이야기와 점차 멀어진다. 라케스는 자신의 첫 대답이 처음 제시한 질문에 대한 적절한 답변이 될 수 없음을 알아차린다. 자신이 찾고 있는 것은 '그리스 보병의 용기'가 아니라 다른 모든 경우를 포괄하는 '용기'이기 때문이다. 이제 라케스는 각기 다른 사람, 상황, 관계라고 하더라도 똑같이 용기라고 부를 수 있는 공통적인 용기를 찾아 나선다.

"용기란 무엇인가?"는 근본적인 물음이다. 질문에 대한 최초의 답변은 자신이 가장 잘 떠올릴 수 있는 것, 자신이 확실하게 경험해본 구체적인 사건에서 출발하기 마련이다. 그러나 자기 자신의 경험은 물론이고, 몇몇 사람들의 경험이나 해석만으로는 근본적인 것을 알 수 없다. 우리의 경험은 언제나 한계가 있고, 경험에 대한 해석은 그 사람의 사고방식을 벗어나지 못하기 때문이다. 자신의 경험만을 생각하면 알지도 못하는 이야기를 할 위험은 없지만, 자기 경험과 해석 밖에 존재하는 다른 경험은 생각하지 못하기 쉽다.

따라서 철학적 사고방식은 추상적으로 생각하기를 택한다. 출발은 개인의 구체적이고 특수한 경험에서 시작하지만, 점차 한 개인의 특수한 경우에만 해당하는 특징은 빼내어 버린다. 그리고 반대로 개인의 서로 다른 경험 속에서 공통점을 뽑아낸다. 이것이 추상(abstraction)이다.

## 추상적인 생각 vs.
## 구체적인 생각

  보통 추상적이라는 말은 구체적이라는 말과 대조적으로 쓰인다. "좀 더 구체적으로 말씀해주시겠습니까?"라고 할 때, 구체적이란 더욱 세밀하고 실제 경험에 밀착되어 있는 것을 의미한다. 그래서 구체적으로 말하는 일은 우리가 실제로 겪지 않은 일조차 실제로 경험하는 것처럼 상황을 잘 그려보고 떠올릴 수 있게 돕는다. 반면 사실이나 현실에서 멀어져 막연하고 일반적으로 생각하거나 말하는 사람에게 우리는 "넌 왜 이렇게 추상적인 이야기만 하니? 뜬구름 잡는 것 같아."라고 말한다. 이처럼 일상의 말하기에서는 추상적인 표현보다 구체적인 표현이 더 좋은 의미인 것처럼 여겨진다.

  구체적으로 말하면 듣기 편한 것이 사실이다. 추상적인 표현보다 무슨 말인지 알아 듣기도 쉽고, 다음에 무엇을 해야 할지 대응책을 논하기도 쉽다. 그러나 추상적으로 말하는 것이 어렵게 들릴지라도 추상적으로 생각하는 자세는 반드시 필요하다. 영어로 '추상적인'이라는 뜻의 '앱스트랙트(abstract)'에는 '추출하다.' '빼내다.'라는 의미가 있으며, 한자어 '추상(抽象)'에는 '여러 가지 사물이나 개념에서 공통되는 특성이나 속성 따위를 추출해 파악하는 작용'이라는 의미가 있다. '빼내다.'라는 뜻을 통해 무언가를 끌어내 공통점으로 나아가는 추상의 흐름이 무엇인지 대략적으로 파악할 수 있다.

영어의 추상을 번역한 옛날 철학책을 보면 "도외시(度外視)하다."라는 표현을 쓰곤 하는데, 도외시는 '상관하지 아니하거나 무시한다.'라는 의미다. 다시 말해 서로 다른 디테일에만 너무 신경을 써서 거기에 사로잡히지 않을 때 비로소 공통점을 볼 수 있다. 추상적인 생각은 구체적인 생각보다 덜 상세하지만 나무가 아니라 숲을 보는 일이다.

무엇보다 우리는 이미 추상적인 사고 작용의 결과인 추상적인 언어 생활을 하고 있다. "주황색으로 하나 주세요. 아니요, 사각형 말고 원형 디자인으로요."처럼 우리가 물건을 고를 때 쓰는 말에는 이미 추상 작용이 녹아 있다. 페인트의 색깔, 색조 화장품, 사진 편집이나 디자인을 위한 컴퓨터 프로그램을 살펴보면 아주 많은 주황색이 있음을 알 수 있다. 우리는 구체적인 다양한 주황색들의 공통점을 뽑아 일반적으로 "주황색"이라고 부르고, 구체적이고 다양한 동그란 것들과 네모난 것들의 공통점을 뽑아 간단하게 "원형" "사각형"이라고 부른다. 우리가 사용하는 언어는 추상적 사고방식이 없으면 애초에 성립될 수 없다. 언어 생활 속에 구체적인 것과 추상적인 것이 서로 엮여 있는 셈이다. 구체적인 것이 없으면 추상적인 것을 말할 수 없고, 추상적인 지칭이나 묶음이 없으면 구체적인 것의 특징을 말할 수 없다.

우리는 추상적 사고를 통해 알고 있는 경우 외의 다른 경우들을 고려해 다양한 구체적 상황의 공통점을 뽑아낸다. 추상적 사고는 우리를 근본적인 답으로 나아가게 한다. 예를 들어 행복이란 무엇인지를 추상적으로 사고할 때, 우리는 지금까지 경험했던 행복만 고려 대상으로 삼는 좁은 시야에 머물지 않는다. 추상은 현재 나의 경우에 '만' 빠지거나 갇히지 않고 전체적으로 바라보게 하는 사고방식이다.

철학적 생각하기, 셋 추상적으로 나아가기. 전체를 보다.

## 보편적으로 생각하기:
## 전 우주적 관점으로

철학적 사고방식의 마지막 특징은 앞의 특징에서 이어진다. "어떻게 하면 사람들과 좀 더 잘 지낼 수 있을까?"를 고민한다고 가정해보자. 고민의 답을 찾기 위해서 우리는 거꾸로 "사람과 잘 지낸다는 것이 과연 무엇이지?"라는 물음을 먼저 생각할 필요가 있다. 근본적인 물음에 답해야 하는 것이다. 그런데 근본적인 것을 생각하기 시작하는 순간, 그 물음에 대한 생각은 더 이상 자신의 경험 안에만 머물지 않는다. 자신의 경험 내에서만이 아니라, 앞으로 살아갈 날을 포함해 다양한 상황에서 만나게 될 사람들과 잘 지내는 것이 무엇인지 알고 싶기 때문이다. 이제 우리는 추상적 사고로 나아간다. 어떤 한 사람, 어떤 한 경우에만 갇히지 않고 전반적인 공통점을 찾으려 한다.

철학적 사고방식은 추상적 사고의 규모를 전 우주적으로 키울 것을 요구한다. '우주적'이라는 말은 일종의 비유로 실제 우리 은하계를 지칭하는 것이 아니다. 소크라테스는 "용기가 무엇인가?"라는 질문이 그리스인, 그리스 보병, 군인에만 관련된 것이 아님을 라케스가 스스로 깨닫게 하고, 모든 경우의 용기를 생각하는 일로 나아가게 도왔다. 곧 추상적 사고가 전 우주적이 된다는 것은 어느 한 경우에만 치우치지 않고 모든 경우의 용기를 전부 고려할 만큼 생각의 폭을 넓힌다는 뜻이다. 한쪽으로 치우치지 않고 모든 측면을 고려해 어떤 상황의 누구에게든 똑같이 타당한 용기를 찾는 일이 바로 '보편적 사고'다.

한자어 '보편(普遍)'은 한편으로 치우치지 않아 모든 경우에 두루 통한다는 의미다. 영어 단어 '보편적(universal)'은 '우주(the universe)'를 의미하는 단어를 떠올리면 그 의미가 보다 쉽게 와 닿는다. 보편적인 것은 전 우주적인 것으로, 현재 다수를 차지하는 다수 의견(major opinion) 혹은 일반적(general)으로 통용되는 상식 정도의 규모를 넘어선다. 예를 들어 21세기의 나, 너, 우리나라, 외국의 경우까지 고려하는 것은 사고의 규모가 크긴 하지만 아직 철학에서 말하는 보편적 사고는 아니다. 보편적인 사고란 과거와 현재, 미래를 통틀어 모든 상황, 모든 경우, 모든 측면을 심사숙고하는 활동이다.

그러나 모든 측면을 심사숙고한다는 것이 모든 경우의 수를 계산한다는 뜻은 아니다. 보편적 사고는 어느 한 경우에만 해당해 경우가 다르면 그에 따라 달라지는 '상대적 사고'와 대립된다. 철학에서 보편적 사고란 어느 한쪽에만 치우쳐 생각하지 않고 모든 쪽에 타당한 것이어서 상황에 따라 달라지지 않는 절대적 관점의 사고를 뜻한다.

자원과 환경 문제를 생각해보자. 지금 현재 살아 있는 인간만을 고려하는 것은 한편으로 치우쳐 생각하는 갇힌 사고이며, '현세대 인간'이라는 조건에서만 타당한 상대적 관점의 사고다. 상대적 관점이 강해지면 우리는 인간 외의 다른 존재나 미래 세대의 인류는 고려하지 않을 것이다. 그보다는 지금 당장 내가 누릴 수 있는 이익을 좇아 자원을 제한 없이 사용하고, 이를 위해 생태계에 개입하거나 조작하는 행동이 더욱 설득력을 가질 것이다. 그러나 우리는 그런 행동에 문제가 있다고 생각한다. 그때 당시의 인간만을 고려했던 과거 사람들의 행동이 오늘날에 어떻게 부정적인 영향을 미치고 있는지 경험하면서 한쪽에 치우쳐 생각하는 일의 위험성과 부적절성을 깨달았기 때문이다. 그래서 오늘날의 우리는 지속 가능한 사회를 추구하며 지금이 아닌 미래의 인간, 인간만이 아닌 다른 생명과 세계 전체를 고려하게 되었다. 보편적인 관점에서 생각할 수 있게 된 것이다.

## 근본적 사고와
## 보편적 사고

'왜 그렇게까지 하지? 나는 지금 내 문제만으로 벅찬데 꼭 보편적으로 생각해야 할까? 오히려 내 고민에서는 멀어지고, 괜히 헛짓거리만 하는 건 아닐까?' 하는 생각이 들 수도 있다. 보편적 사고는 때로 불필요한 수고를 무릅쓰는 것처럼 보인다. 그러나 문제의 근본을 파헤치려면 보편적으로 생각하지 않을 수 없다. 근본은 내 삶의 판단 기준이 된다. "행복하기 위해서 무엇을 할 것인가?" 우리는 이런 물음의 답을 찾기 위해 행복의 근본으로 돌아가게 된다. 근본을 향하며 이를 파헤치는 것이야말로 철학적 사고의 특징이다.

물론 굳이 근본까지 가지 않아도 답할 수 있는 것은 많다. 그러나 내가 찾는 사랑, 행복, 진실이 '이 상황과 시간, 그리고 지금 이 순간 내 편에 속하는 사람들'에게만 해당하는 것인가? 그럴 수도 있다. 그러나 '지금'은 지금 이 순간에도 지나가고 있다. 그만큼 지금은 변덕스럽고 확증하기 어렵다. 내가 찾는 행복이 전 우주적 규모의 행복은 아닐지라도 1분 1초 후에 달라질 행복이라면, 지금 나의 행복을 위한 행동이 무엇인지조차 판단하기 어려워진다.


## 보편적 사고가
## 우리를 자유롭게 하리라


철학적 사고가 '나'에서 출발해서 '보편'이라는 엄청난 규모로 나아가는 까닭은 사실 단순하다. 나는 답을 찾고 싶은데 확인되지 않은 것을 무턱대고 믿을 수 없기 때문이다. 무턱대고 믿는 것으로는 잘 살 수 없다. 우리는 산 속에서 배가 고프다고 해서 눈앞의 정체 모를 버섯을 먹지 않는다. 무엇이든 검증 없이 받아들이면 탈이 나기 쉽다. 특히 보편이 아닌데 보편인 척하는 삶의 신념이나 사회의 규칙은 독버섯보다 무섭다. 독버섯은 피할 수 있지만 사회의 규칙은 내가 그 사회에서 태어난 이상 마음대로 피할 수 없기 때문이다. 우리가 당연하다고 생각하는 지금 사회의 모습이 과연 100년 전에도 당연했을까? 한편 지금 당연하지 않다고 100년 후에도 당연하지 않은 것으로 남아 있을까?

철학의 입장에서 엄밀하게 따져보면 보편적인 것은 드물다. 철학자에 따라서는 보편적인 것이 없다고 주장하기도 한다. 그러나 중요한 건 지금 내가 보편적인 것을 찾는 데 성공하는지가 아니다. 철학적 사고방식에서는 '보편적으로 생각하는 관점'과 그 실천 자체가 중요하다. 내가 아닌 다른 사람, 다른 경우, 아직 경험하지 않은 일까지 고려하는 태도가 중요한 것이다. 우리는 자신의 시야를 저 먼 미래를 포함한 우주적 규모로 넓히는 연습을 함으로써 보편적인 것도 아닌데 '보편인 척'하며 우리 삶을 괴롭히는 생각을 가려낼 수 있다. 자신만의 특수함을 보편적인 것으로 오해해 모두가 자신처럼 살아야 한다고 생각한다면 그 사람이 보는 세상은 얼마나 속 터지고 화가 날 것인가? 반대로 그동안 보편적이고 정상적인 삶 속에 자신을 끼워 넣으려 노력했지만 그것이 거짓 보편이었다면 어떨까? 또한 내가 '누구라도 이럴 거야.'라는 이유로 슬그머니 생각하기를 놓아버린 문제들이 정말 누구에게나 보편적인 것이었을까?

일상에서 익숙한 일은 대개 보편적인 것으로 받아들여진다. 그러나 익숙한 것은 오랫동안 접해왔던 것뿐이지 그것이 꼭 보편적인 것은 아니다. 더욱이 그 익숙함이 보편적으로 '옳은 것'으로 간주된다면 거짓 보편은 많은 사람들을 억압하는 굴레가 될 수도 있다. 실제로는 얼마든지 변경할 수 있는 규칙인데, 절대 바꿀 수 없고 꼭 그래야 하는 법칙이라고 생각되면 다양한 삶의 방식과 다양한 가능성을 차단해버리게 된다.

보편적으로 생각하려는 철학적 태도는 함부로 보편을 장담하는 것이 아니라, 착각이나 오해로 인해 생긴 인생의 무거운 짐, 딱딱한 마음에서 벗어나는 길로 통한다. 협소한 시야와 맹목적인 믿음에서 벗어나는 자유로운 길로. 칸트는 자신의 저서 『순수이성비판』 서문을 통해 다음과 같이 이야기했다.

"철학의 과업은 오해와 환상에서 비롯된 모든 오류를 제거하는 일이다."

철학적 생각하기, 넷 보편적인 관점에서 생각하기.

- 철학의 연구 대상은 우리의 삶에서 비롯한 모든 생각들이다. 철학의 이론적 목적은 세계의 구조를 이해하고 설명하는 데 있고, 실천적 목적은 좋은 삶의 실천 방법을 찾아 행하고 전하는 데 있다. 철학의 주된 연구 방법은 생각이다.

- 철학적 질문을 통해 우리는 모르는 것이 무엇인지 알고, 모르는 것을 인정하고, 모르는 것을 알게 때까지 끊임없이 탐구할 수 있다.

- 정당한 근거를 찾고, 세우고, 다지는 것이 철학의 주요 업무다. 철학은 각 학문의 기본 원리나 개념이 어떤 근거에 의존하고 있는지, 그 근거가 과연 정당한 것인지를 끊임없이 묻고 검토한다.

- 우리는 추상적 사고를 통해 알고 있는 경우 외의 다른 경우들을 고려해 다양한 구체적 상황의 공통점을 뽑아낸다. 추상적 사고는 우리를 근본적인 답으로 나아가게 한다.

- 보편적으로 생각하려는 철학적 태도는 함부로 보편을 장담하는 것이 아니라, 착각이나 오해로 인해 생긴 인생의 무거운 짐, 딱딱한 마음에서 벗어나는 길로 통한다. 협소한 시야와 맹목적인 믿음에서 벗어나는 자유로운 길로.

# 3장
## 참고문헌 및 자료

a (98쪽). 철학의 어원을 보다 상세하게 분석하며 철학의 정체를 논하는 흥미로운 해석은 마르틴 하이데거(Martin Heidegger)의 저서 『철학입문』에서 찾아볼 수 있다. 이와 관련된 논의는 4장에서 다시 소개하겠다.

b (99쪽). 버트런드 러셀의 저서 『일반인을 위한 철학』을 참고했다.

c (111쪽). 플라톤의 저서 『메논』 70a~71d의 내용을 각색한 것이다.

d (113쪽). '리그레시브(regressive)'는 역진적 혹은 역행적이라고 번역한다. 다양한 철학자들이 이 용어를 조금씩 상이하게 사용한다. 칸트 철학에서 이 말은 다음과 같이 사용된다. 한 사건의 원인을 생각하다 보면 점차 거슬러 올라가게 되고, 이 거슬러 올라감은 최초의 원인을 찾는 것만이 아니라 매 단계의 원인을 통틀어 원인들의 전체 관계를 생각하게 만든다. 따라서 역진적 사고는 체계 전체에 대한 생각이 된다. 철학적 사유 일반의 특징으로 역진적 물음이라는 표현을 사용한 것은 호세 오르테가 이 가세트(Jose Ortega y Gasset)의 저서 『철학이란 무엇인가』에서 빌려왔다.

e (121쪽). 플라톤의 저서 『라케스』 190d~192e의 내용을 각색한 것이다.

"유일한 선은 지식이며, 유일한 악은 무관심이다."

_소크라테스

# 4장

# 철학적으로 사고하는 기술: 소크라테스의 대화법

# 소크라테스의 대화법

### 소크라테스처럼 생각하기, 실전편

지금까지 알게 된 것을 활용하려면 어떻게 해야 할까? 실제로 매번 '거꾸로 뿌리를 향해서 근본적인 것에 대해 추상적이고, 보편적으로 생각한다. 그리고 물음에 한계를 두면 안 되고…' 등과 같은 것을 떠올리며 생각할 수는 없다. 철학적 사고가 단순히 이론에 그치지 않는 '철학함'이라는 활동이라면, 활동을 수행하는 구체적인 방법이 있을 것이다. 그런 의미에서 이번에는 철학적 사고의 기술에 대해 살펴보겠다. 우리가 지금까지 나눴던 소크라테스와의 대화, 바로 그곳에 철학적 사유의 일상적 실천을 위한 사고의 기술(technic)이 녹아 있다.

## 소크라테스 대화법의 세 가지 이름:
## 문답법, 산파술, 논박술

　　'소크라테스의 대화법(the socratic elenchus)'은 우리에게 문답법·산파술·논박술 등의 이름으로 알려져 있다. '일렝커스(elenchus)'는 고대 그리스어 '엘렌케인(elenchein)'에서 나온 것으로 '논박하다.' '반박하다.' '검토하다.' 등의 뜻을 지니고 있어 논박술이라는 의미에 가깝지만 '탐구하다.'라는 뜻 또한 가지고 있다. 탐구가 누구에 의해 어떻게 이뤄지는지를 생각해보면, 소크라테스의 대화법이 제시된 세 가지 이름의 의미를 모두 반영하고 있음을 알 수 있다.

　　소크라테스는 대화를 통해 철학적 사유를 전개한다. 그 대화의 형식은 묻고 답하기, 곧 문답법이라 한다. 그러나 소크라테스는 대화 요청자에게 직접 답을 제시하지 않는다. 대신 그는 물음을 가지고 찾아온 사람이 스스로 대답을 내놓을 수 있도록 안내한다. 그래서 직접 출산을 하는 것이 아니라 출산을 할 수 있도록 도와주는 기술이라는 의미에서 산파술이라고도 한다.

　　산파술은 단지 도움을 준다는 것보다 더 큰 의미를 품고 있다. 출산하는 사람은 사실 이미 출산할 수 있는 능력을 지니고 있다. 우리도 혼자만의 힘으로는 문제를 풀지 못할 것 같아서 소크라테스에게 대화를 청한 것이지만 사실은 스스로 문제를 풀 수 있는 힘을 이미 갖고 있다. 문제를 느낀다는 건 그 사람이 '문제되는 것'에 대해 생각하고, 그것을 넘어서려고 마음먹었다는 뜻이기 때문이다. 소크라테스는 대화를 통해 대화 요청 자에게 스스로 문제를 해결할 힘이 있다는 것을 일깨워준다.

이처럼 사람은 저마다 무엇인가를 할 수 있는 가능성을 갖고 있다. 하지만 그 가능성을 현실화하려면 그 가능성이 꽃피울 수 있게끔 돕는 환경이 필요하다. 소크라테스는 철학적 사고 능력이 꽃피울 수 있는 환경을 문답 형식의 대화를 통해 조성했다. 그래서 소크라테스의 산파술은 질문자이면서 답변자가 된 대화 요청자가 철학적 사고의 힘이 이미 자신 안에 있다는 것을 확인하는 데 그 핵심이 있다. 플라톤의 저서 『테아이테토스』 148e~151d에는 다음의 구절이 나온다.

"당신은 산고를 겪고 있는 산모와 같아요. 당신의 속은 비어 있는 것이 아닙니다. 당신 안에 이미 지혜의 씨앗이 있기 때문에 당신은 대화를 통해 지혜를 낳을 수 있을 것입니다."

소크라테스와의 대화는 논박이라는 형식으로 진행된다. 대화 요청자는 소크라테스의 질문에 답하며 자신이 품고 있는 생각을 확인하고 검토한다. 검토의 과정에서 그는 처음 자신이 제시한 답변이 반박될 수밖에 없다는 것을 알게 되고 이를 스스로 받아들인다. 자신이 제시한 최초의 답변이 정답이 될 수 없음을 받아들인다면, 그는 처음의 생각을 고수할 수 없고 또 다른 생각으로 나아가게 된다. 이러한 특징을 담은 소크라테스 대화법의 이름이 바로 논박술이다. 논박술의 구성과 전개는 철학적으로 생각하기 위한 구체적 실천 방법과 형식을 보여준다.

## 철학의 기술:
## 논리적 사고와 논증

소크라테스는 대화 속에서 답변자가 아니라 질문자의 역할을 맡는다. 질문을 통해 상대방의 생각과 이야기를 끌어내는 토크쇼의 진행자 역할이라고 생각해도 좋다. 답변자는 소크라테스의 물음에 답하기 위해 자신이 이미 가지고 있던 생각들을 수면 위로 끄집어내 정리하게 된다.

더 많이 알고 더 말을 잘할 수 있는 사람이 말하는 것이 아니라, 스스로 문제를 느끼고 문제를 풀고 싶어 하는 당사자가 생각을 말하게 하라. 이것이 소크라테스 대화법의 핵심 기술 중 하나다. 추가로 일반적인 토크쇼와 달리 소크라테스와의 대화에서는 논증적 사고라는 기술이 도입된다. 답변자는 논증적 사고의 기술이 도입된 질의응답 형식의 대화를 통해 자신의 생각을 점검하고 더 좋은 생각으로 나아갈 수 있다.

여기서 논증적 사고란 논리적 사고를 위한 방법이다. 논리적 사고(logical thinking)라고 할 때 무엇이 떠오르는가? 논리학(logics)은 '진리' '법칙' 등의 의미를 가진 그리스어 '로고스(logos)'에서 유래한 말이다. 유래를 따져보면 논리는 진실하고 참된(true) 말'들'을 다루는 것이라고 할 수 있다.[a] 굳이 말'들'이라고 한 이유는 논리가 다루는 진실하고 참된 말은 문자로 쓰는 말, 소리 내는 말, 머릿속의 말(생각을 이루는 말)까지 모두 포함하기 때문이다. 또한 하나의 음소나 단어만으로는 그 참됨을 말할 수 없고, 말과 말이 만나 의미를 낳는 곳에서야 비로소 참된 말을 밝힐 수 있기 때문이다. 그러므로 논리는 세상 모든 말들의 조합과 관계, 의미의 참됨을 다루는 것이라 할 수 있다.

논리적으로 생각한다는 것은 겉으로 분명하게 드러나지 않는 말까지 포함해 말과 말의 관계를 검토하고, 참된 말과 그렇지 않은 말을 구분해 그 이유를 밝히는 것이다. 논리적 사고의 목적은 말의 형식과 내용 양 측면에서 모두 잘못된 길로 빠지지 않으면서 말의 의미와 관계를 분명히 밝혀 생각을 확장하는 데 있다.


## 철학적 사고의 도구,
## 논증

논리적 사고의 가장 기초적인 도구는 바로 '논증(argument)'이다. 머릿속의 여러 생각들을 하나의 주장(결론)과 그 주장을 뒷받침하는 근거(전제)로 정리해 묶으면 그것이 바로 논증이 되는데, 논증은 철학적 사고의 주된 방법이다. 생각한 것을 논증의 방식으로 표현하면 그 생각의 의미와 적절성을 검토하기 더 수월해진다.

> 논증 = 주장(결과적으로 말하려고 하는 핵심적 생각)+근거(핵심적 생각을 뒷받침하는 생각)
>
> = 결론+전제(들)

하나의 논증이라고 할 때는 하나의 주장을 기준으로 한다. 곧 하나의 논증에서 주장하고자 하는 바는 여러 개가 아닌 하나지만, 주장을 뒷받침하는 근거의 경우에는 여러 개일 수 있다. 소크라테스에게 탁월함을 어떻게 가르칠 수 있을지를 물으러 간 메논의 경우를 보자. 앞서 메논은 탁월함을 가르칠 수 있는지, 그렇다면 어떻게 가르치면 좋을지 물으러 소크라테스를 찾아갔다.[b]

소크라테스  메논, 탁월함이 무엇인지 아나요? 당신이 생각하는 탁월함이 무엇인지 먼저 알려주겠어요?

메논  그건 너무 쉽죠, 선생님. 첫 번째, 남자의 탁월함은 나랏일을 잘 처리해 내 편을 이롭게 하고 적은 해롭게 하면서도 그 스스로는 아무런 피해를 보지 않는 것입니다. 아무나 이렇게 되긴 어렵겠죠? 두 번째, 여자의 탁월함은 좀 다릅니다. 집안일을 잘하고 남편에게 순종하면서 가정을 잘 경영하면 그것이 여자의 탁월함입니다. 이렇게 남자와 여자의 탁월함이 다른 것처럼 노인과 아이의 탁월함이 다르고, 자유민과 노예의 훌륭함이 또 다릅니다. 각자의 연령, 위치, 역할에 따라 각자의 할 일이 있고 그 일에 따른 탁월함이 있기 때문이죠. 서로 다른 다양한 탁월함을 말할 수 있고, 그때그때마다 여러 개의 탁월함이 있는 것이지요.

소크라테스  제가 무척 훌륭한 분을 만났네요. 저는 단지 탁월함이 무엇인지 하나의 질문만을 던졌을 뿐인데, 이렇게 여러 가지의 탁월함을 만나게 되었으니까요. 그런데 메논, 그렇게 서로 다른 탁월함인데 어떻게 똑같이 탁월함의 이름으로 불리는 것일까요? 정말로 남자, 여자, 노인, 아이, 자유민, 노예의 탁월함은 전부 다른 것일까요? 그래서 사람에 따라 달라지는 여러 개의 탁월함이 있는 것일까요?

**메논**　　　(약간 짜증이 난다.) 그렇다니까요. 선생님께서 제 말을 잘 이해하지 못하셨나 봅니다.

이제 메논의 말을 논증의 형식으로 정리해보자. 메논은 몇 개의 논증을 제시하고 있는가? 메논이 최종적으로 주장하는 것은 사람과 상황에 따라 달라지는 여러 개의 탁월함이 있다는 것이다. 그러나 그러한 매논의 주장을 뒷받침하기 위한 근거는 여러 개다. 이를 간단한 논증 형식으로 바꿔보자.

근거 1 남자의 탁월함은 나랏일을 잘하는 것이다.
근거 2 여자의 탁월함은 집안일을 잘하는 것이다.

ⅴ

주장 1이자 근거 3 앞선 근거 1, 2에 따르면 사람에 따라 탁월함은 다른 의미를 갖는다.

ⅴ

결론이자 주장 2 서로 다른 여러 가지 탁월함이 있다.

## 숨어 있는
## 말을 찾기

　　메논은 결론(최종 주장)을 뒷받침하기 위해 중간에 또 다른 주장을 한다. 결과적으로 이 논증의 개수는 두 개라고 할 수 있다. 짧은 말 안에 두 가지나 주장하고 있는 것이다. 사실 겉으로 드러나지 않는 말까지 포함하면, 평소 우리는 메논보다 더 짧은 말에 더 많은 생각을 담고 있다. 우리 생각의 언어는 생략되거나 숨겨지는 경우가 많기 때문이다.

　　A: 너 그거 알아? C가 꿈의 직장에 지원했다고 하더라고.
　　B: 뭐? 걔가 합격하면 난 대통령도 되겠다!

　　B의 답변을 보자. 단 하나의 문장이다. 이 문장을 논증 형식으로 정리해보면 B의 생각 언어가 겉으로 드러난 것보다 더 많은 말을 하고 있음을 알 수 있다. B는 무엇을 주장하고 있는가? 최종적으로 무엇을 말하고 싶어 하는가? 자신이 대통령이 될 것이라고 주장하는 걸까? 그렇지 않다. B는 "걔는 합격할 리가 결코 없다."라는 말을 하고 싶은 것이다. 근거는 이렇다. B가 대통령이 될 확률은 무척 희박하고 그럴 일은 사실상 없다. 그런데 C가 지원한 직장에 합격할 일은 B가 대통령이 되는 일과 같다. 그러므로 그 사람이 합격할 확률은 무척 희박하고, 사실상 불가능하다는 뜻이 된다. 이 같은 생각의 과정과 연결이 B가 내뱉은 말(겉으로 드

러나는 말)에는 생략되어 있는 것이다. 그래서 말을 논증으로 정리할 때는 숨은 생각을 찾는 일이 무척 중요하다. 논리학에서는 이를 '숨은 전제(혹은 주장) 찾기'라고 표현한다.

이렇게 겉으로 드러난 말을 논증으로 정리할 때, 우리는 자신이 진짜로 주장하고 싶은 것과 그 근거로 제시하고 있는 것이 무엇인지 알 수 있다. 각각의 근거 또한 어떤 방식으로 형성되었는지를 따져보면 처음 출발한 말에서 더 깊이 많은 것을 알 수 있다. A와 B의 대화에서 우리는 최소한 B가 C의 업무 능력을 좋지 않게 평가하고 있다는 것을 알 수 있다.

# 논증적 사고의 기술

**생각을 정리하는 기술**

그런데 어떤 문제를 느껴 그 문제를 풀고 싶어 하는 사람이 딱히 주장이라 할 만한 것을 갖고 있을까? 모르니까 물어보러 간 것이고, 그렇다면 주장이라고 할 만한 것이 없지 않을까? 그러나 머릿속에서 '문제가 있다.'라고 판단했다면 우리는 이미 많은 생각을 하고 있는 중이다. 최소한 자기 자신에게 "나에게는 이것이 문제가 되고 그냥은 지나칠 수 없다."라고 주장하고 있는 것과 같다.

왜 그냥은 지나칠 수 없고, 왜 문제가 되는 것일까? 소크라테스는 메논의 의견을 물음으로써 해당 문제와 관련해 메논이 먼저 가지고 있는 생각이 무엇인지를 수면 위로 드러나게 했다. 메논 본인으로 하여금 정리해본 적 없던 생각을 꺼내어 살펴보게 한 것이다. 소크라테스와의 대화는 자신도 모르던 자신의 생각을 논증의 형식으로 정리할 수 있도록 안내한다. 논증적 사고란 일종의 생각을 정리하는 기술인 셈이다.

## 자기 발목을 잡는
## 생각은 버린다

논증적 사고의 장점은 숨은 생각까지 찾아서 질서정연하게 정돈하는 데 그치지 않는다. 청소를 잘 못하는 사람에게 청소를 시키면 자기 자신은 공들여 열심히 청소했다 해도 실제로는 그렇지 않은 경우가 많다. 정리했다고 하지만 정리가 미처 다 되지 않은 것이다. 생각을 정리하는 일 역시 마찬가지다. 숨은 생각을 잘 찾아서 정돈했다고 믿어도 실제 결과는 다를 수 있다. 그러나 일단 어떤 형태로든 정리를 해두면 아무렇게나 널브러져 있는 것보다 살펴보기가 쉽다. 생각을 정리함으로써 어떤 부분이 어떻게 잘못되었는지, 어디가 부족한지를 알아차리기 쉬워진다.

논증 형식으로 정리된 생각도 마찬가지다. 적절한 것인지 아닌지, 참된 것인지 아닌지를 검토하기가 상대적으로 쉬워지고 덕분에 생각을 다르게 바꾸는 일도 한결 수월해진다. 처음의 생각이 아무리 그럴듯하고 매력적으로 보인다고 해도, 그 생각이 나의 문제풀이를 방해하거나 문제와 전혀 상관없는 생각이라는 것이 밝혀지면 더 이상 그 생각을 붙들 필요가 없어진다.

소크라테스는 잘못된 생각을 바꾸라고 강요하지 않는다. 그 대신 소크라테스는 대화 요청자가 가져온 물음이 무엇인지, 최소한 그 자신이 그 물음에 대해 뭐라고 생각하는지를 스스로 밝히게 한다. 그리고 대화를 통해 그 생각이 문제를 해결한다는 처음의 목적에 부합하는지 스스로 확인하게 도와준다. 누구나 처음부터 아주 잘 생각하지는 못하기 때문에, 소크라테스와의 대화를 통해 대부분 처음의 목적에 부합하지 않는 생각이라는 게 드러난다. 라케스가 소크라테스와 용기에 대해 나누었던 대화를 다시 생각해보자.

> 라케스가 풀기를 원하는 문제 용기는 가르칠 수 있는 것인가? 어떻게 가르치면 좋을까?
>
> 소크라테스의 역질문 용기란 무엇인가?

이제 라케스는 자기가 이미 갖고 있던 용기에 대한 생각을 꺼내 놓는다.

> 첫 번째 대답 물러섬 없이 싸우는 군인이야말로 용감하다.

사실 우리는 여기서 이미 라케스가 "용기란 무엇인가?"에 대한 적절한 대답을 내어놓지 못했음을 알 수 있다. 우리는 '누가' 용감하냐고 물은 것이 아니기 때문이다. 이것을 처음의 질문 형식에 맞게 논증 형태로 정리해보자. 라케스의 생각에서 핵심 주장은 무엇인가?

근거이자 전제 1 용기라고 하면 대표적으로 군인이 떠오른다.
근거이자 전제 2 군인은 전쟁터에서 물러섬 없이 싸우기 때문이다.
결론이자 주장 물러섬 없이 싸우는 사람은 용감한 사람이다.

소크라테스는 일단 라케스의 주장을 받아들인다. 그리고 이를 검토한다. 그 대답은 모든 경우에 성립하는가? 성립하지 않는 경우가 있다면 "용기는 바로 그것!"이라고 말할 수 없기 때문이다. 소크라테스는 다음과 같은 논증을 펼친다.

라케스의 주장을 수용한 전제 1 물러섬 없이 싸우는 사람은 용감한 사람이다.
전제 2 불리한 상황에서도 퇴각하지 않고 싸워서 많은 군사들을 위험에 빠뜨리는 사람이 있다.
결론 불리한 상황에서도 퇴각하지 않고 싸워서 많은 군사들을 위험에 빠뜨리는 사람도 용감한 사람이다.

어떤가? 그 사람은 용감한 사람인가? 이 논증은 믿을 만한 것인가? 라케스는 그 스스로 아니라고 대답한다. 상황을 적절하게 판단하고 많은 사람의 목숨을 귀하게 여기는 일이 평판에 집착하는 일보다 정의롭고 용감하기 때문이다. 따라서 물러섬 없이 싸우는 태도가 용감함이라는 주장도 철회된다. 라케스는 자신의 주장을 그대로 밀고 나갔을 경우 오히려 용기와 반대되는 비겁함이라는 특징과 마주하게 된다는 사실을 깨달았다. 그렇기에 처음의 주장을 고수하는 것은 자신이 찾고자 하는 문제를 해결하는 데 도움이 되지 않는다. 라케스는 용기에 대해 알고 싶었던 것이지 비겁함에 대해 알고 싶었던 것은 아니었다.

소크라테스는 논증적 대화의 기술을 통해서 최초의 생각에 위배되는 반례가 있는 경우, 생각의 범위가 너무 넓어 풀고자 하는 문제뿐만 아니라 다른 것에도 해당되는 경우 등을 제외하도록 돕는다. 이 과정에서 질문을 가지고 온 사람은 스스로의 생각에서 한계나 모순이 있는 부분을 발견하게 되고, 자신의 생각에 변화가 필요하다는 것을 수긍한다. 그렇게 제한되었던 시야와 근거가 튼튼하지 않았던 생각은 대화를 거듭할수록 점차 열린 사고로 나아가게 된다.

## 논증을
## 평가하는 방법

소크라테스의 논박술은 자기가 이미 갖고 있던 생각을 끄집어낸 후, 그 생각을 근거와 주장으로 나누어 정리하게 한다. 그리고 스스로 그 근거와 주장과의 관계가 적절한지 살펴보게 하는 식이다. 이처럼 내 생각이 벽에 부딪혔을 때는 먼저 논증 형식으로 정리하고, 근거와 주장을 살펴보자. 겉으로 드러난 말만이 아니라 숨은 생각과 근거를 찾는 일이 바로 역방향 생각, 밑바닥을 파고드는 생각의 기술이다. 이렇게 생각하면 좋은 생각의 기준도 알아낼 수 있다.

첫 번째, 결론도 맞는 말(거짓이 없는 말)이어야 하고, 근거도 맞는 말이어야 한다. 결론만 맞는 말이고 근거로 제시하는 생각이 틀린 말이라면 그 생각이 제대로 뒷받침되고 있다고 할 수 없다. 다음번에 그 생각을 다시 활용할 수도 없다. 만약 내가 지금 범인이 누구인지 가려냈는데 그 과정이 엉망진창이었다면, 다음번에 같은 방식으로 다시 범인을 맞추기는 어려울 것이다. 검사의 과정에서 결론과 근거들이 각각 맞는 말을 하고 있는지 생각해보자.

두 번째, 근거와 결론은 적절하고 밀접한 관계가 있어야 한다. 적절한 관계란 말의 앞뒤에 모순이 없는 것이다. 앞에서는 A라고 했는데 뒤에서는 A가 아닌 것을 주장하면 안 된다. 또한 각각의 말이 전부 맞는 말이고 서로 모순되지 않아도 모였을 때 아무런 힘을 발휘하지 못하는 관계도 있다.

한국의 수도는 서울이다.
브라질의 수도는 브라질리아다.
그러므로 인간은 포유류다.

이 논증은 어떤가? 세 문장은 각각 따로 보면 전부 맞는 말이지만, 각 문장이 "그러므로"를 통해 근거와 주장으로 연결되는 순간 그 힘은 사라져버린다. 한국과 브라질의 수도가 인간이 포유류라는 말과 도대체 무슨 관계가 있단 말인가? 저 사이에 아주 길고 복잡한 생각이 숨어 있을 수도 있고, 그것들을 연결하려고 생각한 것 자체가 잘못된 것일 수도 있다.

따라서 밀접한 관계를 말할 때는 각 근거들이 하나의 결론을 지지하기 위해 연관 관계를 맺는 게 핵심이다. 누군가가 사실만을 말한다고 해서 그 생각이 전부 적절하거나 맞는 생각이라고 할 수는 없다. 때때로 우리는 너무 많은 사실들에 홀려 잠시 생각을 내려둔다. 그러나 이때 중요한 것은 사실들 사이의 관계이며, 그 관계를 조직하는 생각의 형식과 내용이다.


## 기술의
## 적용


논증적 사고라는 도구를 가지고 철학적 사유를 나에게 실험해보자. 앞서 우리는 나 자신이 어떤 사람인지 문장 형태로 대답해보는 활동을 했었다. 누군가 여기에 자신을 '나는 예민하다.'라고 썼다고 가정해보자. 어째서 스스로를 예민하다고 생각하는 것일까? 자신을 예민하다고 적은 사람은 자신이 예민하다고 믿고 있기 때문에 이를 주장하는 것

# 나의 문제를 검토하는 철학적 사유의 프로세스

| 무지의 인정 | 그냥 넘어갈 수 없는 부분이 있다는 것을 인정한다. |
|---|---|

∨

| 문제 제기와 문제 규정 | 문제 제기 스스로 물어보자. 무엇이 문제인가?<br>문제의 명료화 간단한 문장 형태로 대답한다. |
|---|---|

∨

| 문제 분석과 탐구 | • 문제를 문제로 만드는 근거 찾기<br>• 근거를 찾아 논증 형식으로 정리 |
|---|---|

\* 이제 나는 문제가 문제가 된다는 것 자체에서 생기는 괴로움과 거리를 두게 된다.

∨

| 논증의 평가 | 논증을 구성하는 말(전제와 전제, 전제와 결론, 전제 내부의 말 등)이<br>적절한 관계를 맺고 있는지 검토한다. |
|---|---|

∨

| 논증의 평가 A | 적절하지 않은 부분을 발견했다 어디가 어떻게 적절하지 않<br>은가? → 처음에 제기한 문제가 잘못되었을 수 있다. → 질문<br>을 재정비한다. |
|---|---|

| 논증의 평가 B | 전부 적합하다 근거를 이루는 핵심 요소는 무엇인가? → 핵<br>심 요소에 따라 문제 해결 방향을 찾을 수 있다. → 문제를 해<br>결하기 위해 무엇을 우선적으로 고려해야 하는가? |
|---|---|

이라 할 수 있다. 그러니 왜 그렇게 생각하는지 근거를 찾으면 마음속으로 생각하고 있던 '예민함'의 의미를 찾을 수 있다.

> **결론** 나는 예민하다.
>
> 근거 1
>
> 근거 2
>
> 근거 3
>
> (근거는 계속 제시될 수 있다.)

결론에 대한 근거를 세 가지 이상 찾아 적어보자. 근거를 채우지 못하고 주춤하는 사람이 있을 것이다. '내가 그렇게 주장하고 싶은 것은 아니고, 주변 사람들이 그렇다고 해서 그렇게 쓴 것뿐인데 주장이라는 말은 너무 강하잖아.'라고 생각할 수도 있다. 그렇다면 그 생각은 내 생각이 아닌 것이다. 주장한다고 할 수 없으면 굳이 가지고 있을 필요는 없다. 짐은 많을수록 무거우니까. 내 생각이 아닌 나에 대한 평가는 무겁게 안고 있지 않아도 좋다.

사람에 따라서 내가 직접 그 표현을 주장하는 것은 아니지만 남들이 나를 그렇게 보는 데 동의할 수는 있다. 그렇다면 나의 주장은 이렇게 된다.

> **결론** 남들이 나를 예민하다고 평가하는 데 동의한다.
>
> 근거 1. 작은 일에도 신경을 쓴다는 소리를 자주 듣는다.

근거 2. "별것도 아닌데 왜 그래?"라는 말을 자주 듣는다.

근거 3. 종종 "왜 그렇게 예민해?"라는 말을 듣는다.

(근거는 계속 제시될 수 있다.)

이때 우리가 찾아야 할 근거는 어째서 나는 예민한지가 아니라, 어째서 다른 사람들이 나를 예민하다고 평가하는 일에 동의하는지에 관한 것이다. 그 말이 그 말 아니냐고 생각할 수도 있지만 그렇지 않다. 내가 나를 어떻게 생각하는지와 다른 사람이 나를 어떻게 생각하는지는 엄연히 다르고, 근거를 따져본 후 자신의 동의를 얼마든지 철회할 수도 있다. 그 과정에서 내가 정말로 동의하는지, 실은 그렇지 않은데 단지 반박하지 못하는 것인지도 알 수 있다. 곧 문제의 핵심 포인트가 어디인지 알게 되는 것이다.

이제 근거를 살펴보자. 나는 정말 주변 사람들에 비해서 작은 일에도 신경을 쓰는가? 여기서 주변 사람들이란 누구이며 어디까지인가? 작은 일이라 부를 만한 일은 도대체 어떤 것일까? 그리고 그러한 근거는 정말 나를 예민하다고 부를 만한 근거일까? 똑같은 근거로 나를 섬세하다고, 주의가 깊다고 말할 수는 없는 걸까? 앞서 결론이 맞는 말인지 아닌지는 결론 자체로만 결정할 수 없고 결론과 근거의 관계로 평가할 수 있다고 했다. 동일한 근거로 얼마든지 다른 결론이 나올 수 있다면, 그 근거를 사용해서 단 하나만을 주장하려고 하는 논증은 당연히 그 힘이 약해진다. 나의 주장에 대해서도 마찬가지다. 근거와 결론 간의 관계를 살펴보고 처음에는 그럴 듯하다고 생각해서 동의한 일에 대해서도 얼마든지 입장이 달라질 수 있다.

그리고 하나 더, 메논도 그렇고 라케스도 그렇고 논증 하나로 대화가 끝나는 것은 아니다. 그들은 하나의 논증을 거쳐 나온 결론을 다시 최종 주장의 근거로 삼는다. 당신이 지금 주장하는 결론 "나는 예민하다."는 당신의 최종 주장인가? 아니면 "나는 예민한 내가 좋고 바꿀 생각이 없다." "나는 예민하지 않은 것 같은데 남들이 나를 예민하다고 해서 슬프다." "나는 예민한 나를 예민하지 않은 쪽으로 바꾸고 싶다."라는 것은 어떨까? 만일 스스로를 규정하는 어떤 특성에 문제가 있다고 느낀다면 "이 특성이 나에게 문제가 되고, 나는 이 문제를 문제가 아니게 만들고 싶다."가 당신의 최종 주장이 될 것이다. 그렇다면 그 문제에 집중하면 된다. 그러나 당신이 '이것은 나에게 전혀 문제가 되지 않고, 나는 개의치 않는다.'라고 생각할 수도 있다. 그럴 때는 당신이 지닌 철학적 사고의 힘을 다른 문제를 푸는 데 쏟으면 된다.

일단은 가장 접근이 쉽고 가까운 사람인 자기 자신에게 논증적 사고의 기술을 적용해보았다. 이제 한 걸음 더 나아가서 다른 사람에 대한 평가를 내려보면 어떨까? 또한 앞서 3장에서 찾은 나의 인생철학에도 이 기술을 적용해 스스로 묻고 답해보자. 그것은 무슨 의미이며, 왜 그렇게 중요하고, 정말로 그렇게 중요한 것일까? 우선순위가 바뀔 수는 없는 것일까?

# 화가 나고 혼란스러운 이유

### 소크라테스처럼 생각하기, 함정편

 

그리스의 부유하고 자신만만한 젊은 귀족 메논은 쉼 없이 이어지는 소
크라테스의 질문과 논박에 혼란을 느낀다. 마침내 메논은 소크라테스를
'전기가오리'에 비유한다.

**메논**   (혼란을 느낀다.) 소크라테스 선생님, 안 그래도 저는 선생님을
만나기 전부터 선생님에 관한 소문을 많이 들었어요. 선생님의 끊임없는 질
문이 선생님 자신을 포함해서, 다른 사람들을 혼란에 빠뜨린다고요. 선생님
의 대화법은 주술을 거는 것 같군요. 너무 정신없고 혼란스러워서 꼼짝도 못

하는 기분이에요. 선생님은 외모도 그렇고, 바다에 사는 넓적한 전기가오리 같아요. 가까이 다가와 건드리기만 하면 누구나 다 마비되니까요. 저는 선생님을 만나기 전에는 탁월함에 대해 유창하게 말할 수 있었는데, 선생님을 만나고 나니까 이제 무슨 말을 할 수 있을지 혼란스럽습니다. 저는 정신이 혼미해져 정신도 마비되고, 말을 못하니 입도 마비된 것 같아요. 선생님이 이 도시에 사시는 게 선생님께는 참 다행이네요. 만일 선생님이 다른 도시에서 이런 이야기를 했다면 아마 사람들을 현혹시키는 주술사라고 체포되었을 겁니다.

**철학도 트라이**  메논님, 지금 하신 말씀이 너무 이상하네요. 메논님의 혼란스러운 감정을 소크라테스 선생님에 대한 공격으로 풀려고 하는 것 같아요. 자기가 궁금하다고 먼저 대화를 요청해놓고 지금 뭐하시는 거예요? 메논님 스스로에게 만족스러운 방식으로 대화가 흘러가지 않아서 그러세요?

**메논**  (철학도 트라이를 노려본다.)

**철학도 트라이**  (약간 주춤하며) 아니, 제 말 뜻은요. 자기 뜻대로만 다하려면 대화가 왜 필요하겠어요? 혼란스럽고 자기 뜻대로 대화가 진행되지 않는다고 해서 선생님을 체포될 만한 사람이라고 비하하면 안 되죠.

소크라테스  메논, 나는 일부러 다른 사람들을 혼란스럽게 만들지 않아요. 나 역시 해답을 몰라 어려움을 느끼기 때문에 함께 깊이 생각하며 탐구하기를 바랄 뿐입니다.

**메논**  흥! 만일 여기가 스파르타였다면 선생님은 체포되었을 겁니다.

## 내 영혼을 파고드는
## 전기가오리

  메논의 혼란에 대해서는 충분히 공감할 수 있다. 소크라테스의 끊임없는 질문이 당혹스럽고, 대화를 하다보면 질문을 하기 전보다 더 말을 못하게 되는 것처럼 느껴지기 때문이다. 게다가 새로운 질문에 계속 대답하는 일은 너무 수고스럽고 피곤하다. 그러나 메논의 태도는 아무리 봐도 지나치다. 메논의 말은 무례하고 공격적이다. 그는 스스로 소크라테스를 찾았고, 자신의 질문에 답을 찾기 위해 소크라테스에게 대화를 요청했다. 하지만 대화가 이어지며 질문에 끊임없이 대답해야 하는 처지에 놓이자 메논은 소크라테스를 비방한다. 메논은 소크라테스에 대한 다른 사람들의 비방을 소크라테스 앞에서 늘어놓고, 대화의 주제와 무관한 소크라테스의 외모를 평가하며 헐뜯는다. 심지어 이 도시에서는 너를 봐주고 넘어가지만 다른 곳에 가면 사기꾼으로 법적인 처벌을 받을 것이라는 말까지 한다. 이쯤 되면 위협이다.

  메논은 왜 그렇게까지 공격적으로 반응하는 걸까? 원래 성격이 나쁜 사람이라서? 소크라테스의 대화와 공격적이고 무례한 메논의 반응은 사실 메논만의 문제가 아니다. 야스퍼스는 소크라테스식 대화가 아주 큰 위험을 불러일으킬 수 있고, 그래서 대화 요청자로 하여금 큰 결단을 요구한다고 말했다.

  소크라테스와의 대화, 철학적 사고 활동은 철저하고 집요하다. 그 결과 지금까지 믿었던 것마저 무너지기도 한다. 일이 복잡해지는 정도가 충격적일 정도다. 모르는 건 죄가 아니라지만 내 자신이 몰랐다는 사실을 발견하고 받아들이는 일이 유쾌하기만 할 리 없다. 자신의 무지를 깨닫는 것은 부끄러움을 동반하기도 한다. 물론 부끄러움에도 정도의 차이는 있다. 예를 들어 처음 보는 도구의 사용법을 모를 때는 그나마 낫다. '처음'과 '익숙하지 않음'이 무지의 정당한 이유가 되어주기 때문이다. 그때는 부끄럽다기보다 쑥스러움이나 어색함의 느낌에 가깝다. 또한 모른다는 사실을 받아들여야 얼른 사용법을 배워서 익힐 수 있기 때문에 자신이 모른다는 사실을 부정할 필요도 없다. 그러나 자기가 진지하게 믿고 주장해온 신념이 오류인 것을 알게 되었을 때, 알면서도 그것을 쉽게 받아들이기는 어렵다. 그동안 그 생각이 내 삶을 지탱해왔다면 혼란과 부정, 분노의 감정은 더 커진다. 모른다는 것을 받아들이는 순간, 지금까지의 내 삶이 크게 휘청이며 무너질 것 같기 때문이다.

"정말 흥미롭다. 자신을 만나다니. 자신을 만나다. 맙소사. 그녀는 두려웠다. (…) 진실의 조각들이 도마뱀들처럼 튀어나와서 말했다. (…) 모두 진실의 편린들이었다. 조앤이 이곳에 도착하자 그것들이 모습을 드러냈다. (…) 전에는 그 생각을 해볼 필요가 없었다. (…) 참된 진실보다는 유쾌하고 편안한 것들을 사실이라고 믿는 편이 훨씬 수월하기 때문에, 그래야 자신이 아프지 않았기 때문에 그들에 대해 몰랐다.[1]"

---

1 아가사 크리스티(Agatha Christie)의 저서 『봄에 나는 없었다』 199~202쪽

## 무지를 인정하는 건
## 존재를 부정하는 게 아니다

소크라테스는 알고 있었다. 때로 무지를 인정하는 일이 그 사람의 삶을 송두리째 흔들어버릴 수 있고, 자기 자신의 삶이 부정되는 느낌을 줄 수도 있다는 것을. 그래서 야스퍼스는 소크라테스처럼 생각하는 데 큰 위험이 따를 수 있다고 경고하며, 후대의 학자들은 소크라테스의 대화법이 단지 논리의 문제가 아니라 삶과 직접적으로 연결되었다는 뜻에서 실존(existence)의 문제라고 설명한다.

소크라테스는 이 점을 잘 알고 있었기 때문에 잘못된 생각을 갖고 있는 사람의 인격을 비난하거나 무시하지 않는다. 소크라테스는 주장과 주장하는 사람을 구분해 '내'가 아니라 '내가 갖고 있던 생각(논증)'이 잘못되었음을 대화 상대자가 스스로 알아차리고 수용할 수 있도록 돕는다. 대화에서 논리의 모순이나 오류를 찾는 일은 대화 상대자를 조롱하거나 부끄럽게 만들기 위한 것이 아니라, 대화 상대자가 스스로의 상태를 파악해 그다음으로 나아가도록 하기 위한 것이다.

그러나 세상에는 소크라테스 역할을 자처하며 잘못된 생각 자체가 아니라 어떤 생각을 갖고 있는 '사람'을 공격하는 경우도 많다. 소크라테스인 척하는 사람들에게 휘둘리지 않기 위해서라도 우리는 스스로 소크라테스처럼 생각하고, 나 자신과 대화할 필요가 있다.

하지만 대부분의 사람들은 자신의 생각과 자신 자체를 구분하기 어려

위한다. 정확히 말하면 알아도 일관되고 능숙하게 실천하지 못한다. 처음에는 생각과 사람을 구분하는 것처럼 보이더라도, 그것이 잘못되었고 고쳐야 한다는 이야기를 들으면 자신을 변호하기에 바빠진다. 실수를 인정하면 두 번 다시는 더 나은 평가나 기회를 얻을 수 없다는 두려움 때문일까? 자신이 직접 소크라테스와 대화 요청자라는 1인 2역을 맡아 내면의 대화를 나누는 경우에도 마찬가지다. 우리는 '나의 생각'과 '나 자신'을 구분해서 '나의 생각'을 더 참된 것으로 만들려는 노력을 해야 한다. 그러나 내면의 대화를 나누다 보면 그런 생각을 가졌던 '나 자신'을 비난하는 데 집중하기도 한다. 생각해보면 나에게 가장 아픈 말을 하는 사람은 다른 누구도 아닌 나 자신인 경우가 많다.

곰곰이 따져보자. 내가 품고 있는 생각의 내용이 적절하지 않았을 때 나를 부정한 것은 누구인가? 어쩌면 지금까지 '나의 생각'과 '나 자신'을 구분하지 않고 내 전부를 뭉뚱그려 비난하거나 부정한 것은 다른 누구도 아닌 나 자신일지 모른다. 그러나 생각하는 힘의 발휘와 그 결과물은 구분될 수 있다.

우리는 얼마든지 스스로의 생각을 바꾸거나 더 적절하게 만들 수 있다. 질문도, 답변도, 답변에 오류가 있어서 수정을 해야 한다는 것도 전부 나의 생각이고 나의 활동이다. 지금까지 가지고 있던 내 생각이 곧 나의 전부는 아니다. 심지어 그 생각이 지금까지 나의 삶을 지탱해왔다고 하더라도, 오늘은 오늘의 태양이 뜨는 것처럼 오늘부터 우리는 다르게 살 수 있다. 세상에서 가장 현명한 사람이라는 소크라테스조차 '나라는 사람'을 부정하지는 않았다. 혹시 내가 변할 수 있다는 것을 부정하고 기회조차 주지 않는 사람이 나 자신은 아닐까.

## 혼란이 꼭
## 나쁜 것은 아니다

나를 지탱해온 생각이 흔들리고 무너졌을 때, 우리는 비로소 새로움을 향해 나아가게 된다. 야스퍼스의 표현을 빌리면 "혼란과 좌절"을 경험하면서 비로소 우리는 지금의 자신을 제대로 마주하게 되는 것이다. 자신의 기술이 부족함을 절실하게 깨달았을 때 우리는 더 나은 수준의 기술을 얻는 일에 몰두한다. 마찬가지로 자신이 잘 모르고 있다는 사실에 대한 인정은 우리를 앞으로 나아가게 한다. 그러므로 혼란스러움과 부끄러움을 느끼는 일은 어쩌면 자연스럽고, 앞으로 나아가기 위해 꼭 필요한 단계다. 혼란스럽고 부정적인 감정을 느낀다고 해서 그 상태가 꼭 나쁜 것은 아니다.

부정적 마음 상태 ≠ 나쁜 것

부정적 마음 상태는 그저 한 송이 국화꽃을 피우기 위해 봄부터 소쩍새가 그렇게나 우는 그 시간일 뿐이다. 중요한 건 그 상태를 인정하고 받아들이는 일이다. 그러나 부정적인 마음 상태와 그 원인을 받아들이는 건 아무나 쉽게 할 수 있는 일이 아니다. 혼란하고 부끄러운 와중에 자신의 무지를 인정하는 일은 용기가 필요하다. 무지를 인정할 때, 과거와 똑같은 것을 고수할 수 없음을 받아들이는 용기가 있을 때 우리는 비로소 나아갈 수 있다. 모르는 것에도 아는 것에도 용기가 필요하다.

그렇다면 이 용기는 어떻게 발휘할 수 있을까?

그냥 하면 된다.

너무 간단하고 당연해서 말하면서도 미안한 기분이 든다. 하지만 정말로 우리가 할 일은 '받아들인다.' '인정한다.' 등 그저 납득하는 것뿐이다. 이 일에는 더 이상 설명이 필요하지 않다. 받아들이는 게 무엇인지 몰라서 못하는 사람은 없다. 그저 그렇게 하지 않을 뿐이다. 받아들이고 인정하는 데 다른 행동은 필요 없다. 성취의 문제가 아니라 행동의 문제다. 이유를 가져다 붙여 변명하고 해명할 생각은 접고 다음 발걸음을 내딛으면 그만인 것이다.

구체적으로 말하면 '내가 왜 그랬냐면 말이야.' '그래도 그게 뭐가 도움이 됐냐면 말이야.' '그래도 있잖아.'와 같은 식으로 생각하지 않는 것이다. 언젠가는 그런 생각이 필요할 수도 있다. 그러나 지금 이 순간만큼은 그런 방식의 생각을 우선순위 목록에서 뒤로 밀어두자. "이제 무엇을, 어떻게 다르게 해볼까?"라는 물음을 중심에 두자. 단 너무 충격과 혼란이 클 때는 잠시 쉬어가면 된다. 동시에 알아차린 것을 거짓으로 취급하거나 되돌리려고 하는 마음과 행동도 함께 쉬어야 할 것이다.

# 철학 초보자가 빠지기 쉬운 함정

**반드시 피해야 하는 네 가지 함정**

무지를 인정하는 과정에서 화가 잘 풀리지 않는다면 왜 그렇게까지 화가 나는지를 생각해보자. 우리는 어쩌면 함정에 빠져 있을지도 모른다. 이번에는 철학 초보자가 빠지기 쉬운 네 가지 함정을 살펴보자. 차례대로 '머리만 숨기는 꿩의 함정' '역설적인 자기도취의 함정' '밥 한 술에 배부르기 바라는 질문자의 함정' '말발이 전부라고 믿는 소피스트의 레토릭'이다. 이 함정들은 철학적 사고라는 퀘스트를 완수하려는 우리를 막아선다.

## 머리만 숨기는
## 꿩의 함정

어떤 사람은 자신의 생각을 지금처럼 고수하거나 밀어붙일 수 없다는 것을 알게 되는 순간, 그 사실을 깨닫게 한 계기가 되는 누군가 혹은 무엇인가를 공격한다. 그러나 그 계기를 비난하거나 부정한다고 해서 자신이 알아차린 무언가가 없었던 일처럼 사라지지는 않는다.

꿩은 몸을 숨길 때 수풀 속으로 머리만 숨긴다는 비유가 있다. 어떤 사실을 깨닫게 한 계기를 비난하거나 부정하는 일은 머리만 숨기고 몸 전체를 숨겼다고 믿는 것과 같다. 현실을 마주하려 하지 않고, 자신이 혼란스럽고 부끄러워진 원인에서 눈을 돌리고 싶어 엉뚱한 것을 공격하기 때문이다. 그러나 원인은 외부가 아니라 내부에 있다. 그리고 다행스럽게도 내부의 원인은 말 그대로 내부의 것이기 때문에 스스로 마음만 먹으면 얼마든지 변화시킬 수 있다.

## 역설적인
## 자기도취의 함정

왜 나의 상태를 살피기보다 다른 것을 공격하게 되는가? 자기 자신은 잘못되지 않았다고 믿고 싶기 때문이다. 자신을 변호하기 위해 무언가를 공격하는 이유는 내 생각이 틀릴 리 없다고 믿고 싶은 마음이 강하기 때문인데, 이런 태도는 역설적인 나르시시즘(자기도취)이라고 할 수 있다.

자기 자신이나 자신의 생각이 잘못되었을 리 없다는 믿음은 자신이 완벽하다고 생각하는 것과 다르지 않다. 이런 믿음은 자신이 경험하고 생각한 세상이 세계의 전부라고 주장하는 것으로 이어진다. 성급한 일반화를 이런 류의 생각으로 볼 수 있다. 보통 자신의 취약점이나 변화가 필요한 부분을 인정하는 데 두려움을 느끼면 이러한 믿음이 생겨난다. 자신의 생각이 하나라도 논박되면 받아들이지 못하고 화를 내게 되고, 하나의 약점이라도 있으면 자신이 무너질 것이라고 생각한다. 이는 역설적이게도 자신에 대한 믿음이 부족한 데서 기인한다. 자신은 틀릴 리 없고 자신의 경험과 판단이 세계 전체를 대변할 수 있다고 믿을 정도로 스스로를 대단하게 생각하면서도, 변화가 필요한 지점을 단 하나라도 발견하면 무너져버리다니 이 얼마나 하찮은 완벽함인가.

이러한 역설은 자기 '도취'를 굳게 지켜야 할 만큼 자기 자신의 실상을 긍정하고 믿어주지 못하기 때문에 발생한다. 누구나 어떤 부분은 부족할 수도 있고, 잘 모를 수도 있다. 부족하기 때문에 변화하고 채워나갈 수 있다는 긍정적인 마음을 가져야 한다. 부족한 만큼 무언가를 다르게 느낄 수 있고, 새롭게 실천해볼 수 있고, 더 나아질 수 있다면 무척 기쁜 일이 아닌가? 역설적인 자기도취의 함정은 자신의 모습을 있는 그대로 인정하고 스스로를 변화시킬 수 있는 역량을 꽃피우는 일에 무관심하게 만든다.

## 밥 한 술에 배부르기 바라는
## 질문자의 함정

활동을 하기 위해서는 에너지가 필요하고, 에너지를 얻기 위해서는 부수적인 것들이 필요하다. 밥도 먹고, 잠도 자고, 휴식도 취해야 한다. 시간이 필요한 것이다. 철학적 사고도 일종의 활동이다. 그러나 사람들은 흔히 철학적 사고에는 별다른 에너지나 시간이 필요하지 않다고 생각한다. 철학이 마법처럼 한 번에 모든 문제를 깨끗하게 해결해줄 것이라고 기대하는 것이다. 그리고 이 기대가 무너지는 순간, 믿는 사람에게 발등을 찍히는 사기라도 당한 것처럼 분하고 억울한 감정을 느낀다. 분명하게 손에 잡히는 해답을 기대할수록, 나를 대신할 다른 누군가(예를 들면 유명한 철학책과 철학자, 그 외에도 선생님 역할을 기대하는 사람이라면 누구든지)가 그 해답을 알려줄 것이라 기대할수록, 그리고 내가 이 무지의 상태에서 빠르게 벗어날 수 있다고 믿을수록 실망과 분노는 더 커진다

활동에는 타인을 본보기로 삼는 것만이 아니라, 스스로 움직이면서 익숙해지는 시간이 필요하다. 고작 질문 한 번 한 것 외에는 다른 수고를 들이지 않았으면서 문제가 깔끔히 해결되기를 바란다면, 그 사람은 아직 스스로 생각할 준비가 되어 있지 않은 것이다. 과정도 수고도 필요 없이 해결되기를 바란다면 철학이 아니라 마법사의 마법에서 해답을 찾아야 한다. 수영이나 댄스는 선생님이 가르쳐주는 것만으로 다 해결되지 않는다. 반드시 자기 스스로 해보는 훈련과 연습의 시간이 필요하다. 그런데

왜 철학은 그렇게 생각하지 않는 것일까? 아마 몸을 움직이지 않아도 된다고 생각해서 그런 것 같다.

그러나 소크라테스와의 대화에서 알 수 있듯이 문제를 느끼고 제시하는 사람도 나 자신이고, 그 문제를 풀고 싶어 하는 사람도 나 자신이며, 그 문제를 풀어가는 사람도 나 자신이다. 문제를 푸는 재료와 처음에 가지고 있던 생각을 끄집어 꺼내놓는 사람도 나 자신이고, 그 안에서 적절하지 않은 생각의 관계를 발견하고 이를 바꾸겠다는 결정을 내리는 사람도 나 자신이다. 철학은 끊임없는 활동이고 그런 점에서 사실 몸도 정신도 편하게 해주지 않는다. 가만히 앉아 생각만 하면 될 것 같지만 사실은 내가 직접 움직여야 한다. 그 움직임에는 시간과 수고가 들며, 그 과정이 한 번에 깔끔하게 끝나는 것도 아니다. 철학적 사고를 재미있게 할 수는 있어도 편하게 할 수는 없다. 아무리 재미있는 활동도 피로는 쌓이기 마련이다. 철학도 계속해서 움직이는 활동이기 때문에 반드시 시간과 수고가 동반될 수밖에 없다.

## 말발이 전부라고 믿는
## 소피스트의 레토릭

소크라테스의 논박술을 어설프게 따라 하면 또 다른 함정에 빠질 수 있다. '말로 이기는 기술'에 빠지는 함정이다. 가장 대표적인 사례가 소피스트의 수사술 혹은 수사법, 곧 '레토릭(rhetoric)'이다. 소피스트는 지혜를 의미하는 그리스어 '소피아(sophia)'에서 유래한 용어다. 지혜는 고대 그리스에서 다양한 의미로 사용되었는데, 시대에 따라 조금씩 변화하기는 했지만 소피스트로 불리는 집단이 나타나기 전에는 주로 세 가지 의미로 통용되었다. 지혜를 가진 사람이란 신으로부터 불어넣어진 영감을 통해 시를 창작하는 특별한 작업을 할 수 있는 사람, 다른 사람에게는 없는 지식과 통찰력을 가지고 모든 일에 능숙한 사람, 그리고 단지 머리로만 아는 데 그치지 않고 실제로 그 앎을 활용하는 방법이나 기술에도 능숙한 사람을 뜻한다. 어떤 의미이든지 평범한 사람을 능가하는 역량의 '발휘'가 그 의미에 포함되어 있다. 그런 의미에서 지혜는 지식을 쌓는 것 이상으로 항상 실천을 동반한다.

그런데 기원전 5세기경, 아테네가 페르시아 제국과의 전쟁에서 승리한 후 아테네에는 소피스트라 불리는 집단이 등장한다. 소피스트는 지혜를 가진 사람이라는 뜻이다.[d] 이들은 스스로 지혜를 가르치는 전문가라 주장했다. "인간은 만물의 척도다."라는 말로 유명한 프로타고라스(Protagoras)가 대표적인 소피스트다.[e] 그들은 문학, 정치, 지리, 역사 등 다양한 분야를 가르쳤지만 그들의 가르침에서 가장 핵심적인 부분은 대중을 설득하는 연설 방법, 곧 수사술이었다.[f]

오늘날로 치면 자신이 원하는 식으로 여론 형성에 영향을 미칠 수 있는 미디어 활용 능력으로 생각할 수도 있다. 아테네는 시민들이 공동체의 의사 결정에 참여하는 직접민주주의 국가였다. 국가의 모든 정책은 공적인 발언과 토론을 거쳐야 했고, 따라서 타인을 설득할 수 있는 말하기 능력, 대중 연설 능력은 아테네 시민에게 꼭 필요한 아주 중요한 능력이었다. 말을 잘하는 것은 정치적 권력을 잡는 데도 필요했지만, 개인의 권리 및 이익을 보호하기 위해서도 반드시 필요한 능력이었다. 당시 아테네에는 전문 변호사나 판사가 따로 없었기 때문에 시민이 직접 자신을 변호하거나 타인을 고발하고 사건을 판결해야 했다. 따라서 소피스트가 가르치는 수사술은 사건의 진실이 무엇인지 밝히는 일보다 법정에서 이기고 타인을 성공적으로 설득하는 데 목표를 두었다. 그러므로 그들이 수업료를 받고 가르쳐준다는 지혜란 곧 타인을 자기 뜻대로 조종하는 말발이라 할 수 있다.

**철학도 트라이** (뛰어오며) 소크라테스 선생님! 손님이 찾아오셨어요. 여기 이분은 고르기아스 선생님이라고 하네요. 저 아테네에 와서 이 분 이름 진짜 많이 들어봤어요. 와, 신기하다. 내가 어떻게 이 분까지 만났지? 사람들이 그러는데 고르기아스 선생님은 인생에서 가장 중요하고 좋은 것에 대해 가르쳐주시는 분이래요! 엄청난 분이신가 봐요.

**고르기아스** 어이구 거참, 맞는 말이지만 바로 눈앞에서 이렇게 소개되니 좀 면구하네요. 소크라테스 씨, 안녕하십니까?

소크라테스 안녕하세요, 고르기아스 씨, 반갑습니다. 그런데 도대체 인생에서 가장 중요하고 좋은 것이 무엇인가요?

**고르기아스** 들어보셨을 텐데요. 수사학이라고요. 간단히 말하면 설득력이 강한 말을 할 수 있는 기술이죠. 법정 배심원, 의회의 의원, 광장의 시민 등 모든 사람들을 말로 설득할 수 있는 능력 말입니다. 그야말로 개인에게는 다른 사람을 자신이 원하는 대로 지배할 수 있는 힘의 원천이고, 전체 인류에게는 인류가 누리는 자유의 원천이라고 할 수 있죠. 그런 능력이 있다면 누구라도 노예로 부릴 수 있고, 누구라도 자신을 위해 돈을 벌어오게 할 수 있습니다.

**철학도 트라이**  (놀라며) 우와, 무슨 마법 같네요.

소크라테스  (…) 당신이 말하는 수사학이 어떤 것인지 알겠네요. 상대방을 설득할 수 있는 기술이고, 그리고 단지 그것뿐인 활동이지요. 그렇다면 당신들 소피스트가 가르친다는 지혜는 정의가 무엇인지, 또 진실이 무엇인지에 대한 것이 아니겠군요. 당신들이 말하는 지혜란 실제로는 그 내용이 무엇이든지 간에 사람들이 그 말을 정의라거나 진실이라고 믿게 만드는 설득의 힘이네요.

**고르기아스**  그렇습니다, 소크라테스 씨. 우리는 무엇이든 믿게 만드는 힘을 갖고 있고, 그 힘을 가르치고 있어요. 이것이 지혜가 아니라면 무엇이 지혜겠습니까? 어떤 일을 실행하는 것은 그 일의 전문가지만, 결국 그 전문가를 움직이게 하는 건 지혜를 지닌 사람입니다. 누군가에게 믿음을 주고 설득하는 힘을 지닌 사람 말입니다. 물론 우리가 나쁜 목적으로 이 기술을 사용하는 것은 아닙니다. (어깨를 으쓱이며) 그러나 우리에게 배운 사람들이 이 기술을 나쁘게 악용하는 것까지는 막을 도리가 없죠.[8]

논리적 사고의 초심자나 그 매력에 흠뻑 빠진 사람은 논리적 사고에 대한 기대가 큰 나머지 논리적으로 말하는 능력이 제대로 된 사고 능력을 드러내는 유일한 척도라고 생각하기 쉽다.[*] 그래서 논리적으로 말하지 못하는 사람의 생각을 무시하거나, 논리적으로 말하는 사람의 의견이 더 가치 있는 의견이라 생각한다. 그렇게 생각하는 사람은 대개 논리적으로 말하는 기술에만 집중하게 된다.

논리적 사고는 분명 우리의 생각을 검토하고 펼치기에 유용한 기술이다. 그러나 세계의 모든 것이 논리적으로 깔끔하게 분류되거나, 모든 문제가 논리 하나로 해결되는 것은 아니다. 삶의 많은 부분은 논리로 지탱되지만 삶의 전부가 논리로 대체될 수는 없다. 타인을 움직여 자신이 원하는 대로 조종하는 말의 기술, 소위 말발 역시 삶보다 우선될 수는 없다. 말의 능력과 그 사람의 삶은 별개의 문제다. 소크라테스가 논박술을 진행할 때 잘못된 주장과 그 주장을 펼치는 사람을 구분하려 했던 이유가 여기에 있다.

자신이 말하는 능력이 제대로 된 사고 능력을 드러내는 유일한 척도라고 생각하고 있는지, 즉 스스로 이 함정에 빠져 있는지 검사하는 가장 간단한 방법은 무엇일까? 내가 어떤 말의 맥락을 무시하고 단어만 가지고 잘잘못을 따지고 있는지를 확인하는 것이다. 예를 들어 눈앞에서 고통받고 있는 사람의 삶을 말하는데 '고통'의 어원 등을 따지고, 오직 고통이라는 말을 잘 다뤘다는 이유만으로 내 주장이 현재 고통을 겪고 있는 사람보다 우선된다고 여긴다면 이러한 함정에 빠진 것이다. 『소크라테스의 변론』17a에서 법정에 선 소크라테스는 이렇게 말한다.

"나는 그들의 말을 듣고 나 자신도 내가 누구인가를 잊을 정도였다. 그만큼 그들의 말은 설득력이 있다. 하지만 지금까지 그들은 진실을 한마디도 말하지 않았다."

## 논리적 사고의 기술은
## 철학적 대화를 위한 것이다

소크라테스의 논박술은 철학적 사고를 위한 대화의 기술이다. 타인을 조종하는 말의 기술은 철학적 사고를 위한 대화술이 될 수 없다. 타인을 조종하고 설득하는 소피스트식 대화법은 이쪽에서 설득하려는 내용이 맞는 말이라는 '믿음'을 상대방에게 심으려는 목적이 있다. 이러한 기술은 우리의 생각도, 삶도 확장하지 않는다. 이쪽에서 원래 가지고 있던 주장을 강화할 뿐이다. 그리고 이러한 대화는 두 사람이 서로 다른 말을 주고받더라도 제대로 된 상호작용이라 볼 수 없다. 그저 어느 한쪽(설득하려는 쪽)과 다른 한쪽(설득당하는 쪽)의 생각이 같아지는 과정이기 때문이다. 일방적으로 끌어당기는 활동에 더 가깝다.

그러나 철학적 사고는 고르기아스의 수사술처럼 검증되지 않은 것을 밀고 나가는 독단적 생각, 심지어 그런 독단을 남에게 휘두르는 권위적인 생각과 거리가 멀다. 소크라테스의 논박술은 대화 상대자의 말 속에 나타나는 부적절함을 짚어 밝히며 처음의 생각에 균열을 만든다. 우리가 익숙하게 사용하는 말 속에 충분히 검증되지 않은 생각이 많음을 보여주기 때문이다. 따라서 논박술은 최초의 입장을 확고히 만드는 것이 아니라 뒤흔들어버린다. 그 흔들림 속에서 다시 균형을 찾기 위해 우리는 지금과는 다른 생각에 나를 열어둘 수밖에 없다. 그래서 소크라테스의 논박술은 낯선 것과 마주하게 하는 기술이며, 그로부터 내 생각의 구멍과 빈틈을 찾을 수 있게 하는 모험과 탐험의 기술이다.

"소크라테스와 철학적 토론을 하려면 지적인 모험에 나서야 하며 그 모험의 영역에 이미 정해진 결론은 존재하지 않았다.[2]"

어느 한쪽으로 끌어당길 목적에 따르지 않고 자유롭게 낯선 것에 내 마음을 열어두는 것. '나'도 그리고 '너'도 실수할 수 있지만 그 실수 속에서 서로 교류하면서 더 나은 생각이 발견될 수 있음을 믿는 것. 그러므로 겸허하게 귀를 기울이고 새로운 생각을 반갑게 맞이하는 것. 다양한 생각 중 어떤 생각이 어째서 적절한지 공평하게 검토의 기회를 주는 것. 이것이 소크라테스의 논박술이며, 이것이야말로 진짜 대화를 위한 기술이자 철학적 사고의 기본 조건이다.

---

2 제임스 A. 콜라이아코(James A. Colaiaco)의 저서 『소크라테스의 재판』 49쪽

✦

- 논리적 사고의 가장 기초적인 도구는 바로 논증이다. 머릿속의 여러 생각들을 하나의 주장(결론)과 그 주장을 뒷받침하는 근거(전제)로 정리해 묶으면 그것이 바로 논증이 된다.

- 소크라테스는 논증적 대화의 기술을 통해서 최초의 생각에 위배되는 반례가 있는 경우, 생각의 범위가 너무 넓어 풀고자 하는 문제뿐만 아니라 다른 것에도 해당되는 경우 등을 제외하도록 돕는다.

- 나를 지탱해온 생각이 무너졌을 때, 우리는 비로소 새로움을 향해 나아가게 된다. 혼란함과 부끄러움을 느끼는 일은 어쩌면 자연스럽고, 앎으로 나아가기 위해 꼭 필요한 단계. 부정적 마음 상태는 나쁜 것이 아니다. 중요한 건 그 상태를 인정하고 받아들이는 일이다.

- 삶의 많은 부분은 논리로 지탱되지만 삶의 전부가 논리로 대체될 수는 없다. 타인을 움직여 자신이 원하는 대로 조종하는 말의 기술, 소위 말발 역시 삶보다 우선될 수는 없다.

- 철학적 사고는 고르기아스의 수사술처럼 검증되지 않은 것을 믿고 나가는 독단적 생각과는 거리가 멀다. 소크라테스의 논박술은 최초의 입장을 확고히 만드는 것이 아니라 뒤흔들어버린다. 그 흔들림 속에서 다시 균형을 찾기 위해 우리는 생각을 전환할 수밖에 없다.

✦

a (142쪽). 노야 시게키(Noya Shigeki)의 저서 『논술을 잘하려면 논리부터 확실히!』를 참고했다.

b (144쪽). 플라톤의 저서 『메논』 71e~73a의 내용을 각색한 것이다.

c (159쪽). 플라톤의 저서 『메논』 79e~80d의 내용을 각색한 것이다.

d (173쪽). 장영란의 저서 『소크라테스를 알라』 4쪽을 참고했다.

e (173쪽). "인간은 만물의 척도다."라는 말은 인간이 세계의 중심이 된다는 첫인상을 주기 쉽고, 실제로 많은 사람들이 그렇게 이해하고 있다. 그러나 이 말의 본래 의미는 모든 인간은 각자 자기가 '감각'하는 것의 기준이 되며, 그러므로 그 사람 본인이 어떻게 느끼는지에 대해서 다른 사람은 옳거나 그르다고 말할 수 없다는 데 가깝다. 예를 들어 똑같은 물을 마셔도 어떤 사람은 그 물이 뜨겁다고 하고, 또 어떤 사람은 그 물이 미지근하다고 할 수 있다. 이때 둘 중 누구도 틀렸다고 할 수 없다. 각자 저마다 그렇게 느낀 것이기 때문에 자기 입장에서는 자신의 감각에 따른 판단이 옳은 것이다. 네가 뜨겁다고 느낀 것은 틀렸고, 미지근하다고 느껴야 한다고 말할 수는 없다는 것. 즉 인간중심주의의 의미라기보다 상대주의적 의미인 셈이다. 소크라테스는 감각에 대해서는 그렇게 말할 수 있어도 감각이 아닌 다른 종류의 판단에 대해서는 옳은 것을 가려낼 수 있고, 더 옳은 의견이 있다고 주장하면서 프로타고라스의 견해를 논박했다. 플라톤의 저서 『테아이테토스』 『프로타고라스』를 참고했다.

f  (173쪽). 제임스 A. 콜라이아코의 저서 『소크라테스의 재판』, 49쪽을 참고했다.

g  (175쪽). 플라톤의 저서 『고르기아스』 452d~453b, 455a~455e, 457a~457b의 내용을 뽑아내어 내용을 각색한 것이다.

h  (176쪽). 현대의 철학자 존 윌슨(John B. Wilson)은 논리적 사고의 기술을 만난 초심자가 빠지기 쉬운 함정을 재치 있고 예리하게 설명한다. 그의 저서 『논리내공』 1부를 읽어보자.

"검토되지 않은 삶은 살 가치가 없다."

_소크라테스

# 5장

# 소크라테스와 나의
# 철학-하기

# 소크라테스의 철학 오픈 클래스

## 소크라테스와 함께하는 나의 철학-하기

**철학도 트라이**  소크라테스 선생님, 오늘도 질문이 있습니다.

소크라테스  트라이님, 편히 말씀하세요. 무슨 질문이지요?

**철학도 트라이**  솔직히 이런 것을 여쭤봐도 괜찮을지 모르겠는데요. 그런데 도저히 안 물어볼 수가 없어서요.

소크라테스  네, 말씀하세요.

**철학도 트라이**  저, 제가 지금까지 선생님 곁에서 정말 많이 배우고 느꼈거든요? 그것만큼은 정말 진심인데요. (말을 멈추고 소크라테스의 눈치를 살핀다.) 그런데 선생님, 솔직히 철학이 뭔지 아직도 모르겠어요. 뭔가 '그래서 어쩌라는 걸까?' 싶어요. 아까 철학적 사유의 프로세스도 알려주셨는데 실제로 저 혼자 하려고 하니까 어떻게 하는 건지 감이 오지 않아요. 그냥 막막하고, 어떻게 하면 스스로 철학할 수 있는지도 잘 모르겠고, 어려운 이름의 사람이 쓴 되게 멋있어 보이는 철학책이랑 어떻게 연결되는지도 모르겠어요. 그런 책을 읽고 감동받은 적도 있기는 한데, 솔직히 무슨 말인지 다 알아서 감동받은 것은 아니거든요. 저도 그 사람들이 무슨 말을 하고 있는 건지 제대로 이해하고 싶어요. 그렇게 되려면 어떻게 해야 하는지를 아직도 잘 모르겠습니다. 제가 구체적으로 어떻게 하면 좋을까요?

## 그래서 철학은
## 어떻게 하는 걸까?

소크라테스　(광장이 쩌렁쩌렁 울리도록 시원하게 웃는다.) 하하하! 트라이님은 솔직하시네요. 그렇다면 우리 한 가지 주제를 정해서 철학적으로 생각해볼까요? 그럼 철학을 한다는 게 어떤 것인지 좀 더 쉽게 이해할 수 있겠지요.

**철학도 트라이**　와! 기대되네요. 이제 정말 철학을 하는 건가요?

소크라테스　예, 하지만 방금 전까지의 대화도 철학 활동이었습니다. 그리고 우리가 하는 것은 제가 일방적으로 가르치는 수업이 아닙니다. 서로가 함께 참여할 때만 가능한 대화라는 걸 잊지 말아주세요.

**철학도 트라이**　네, 물론이죠!

**소크라테스**    그렇다면 지금 트라이님이 가장 진지하게 생각해보고 싶은 주제는 무엇인가요? 저한테 하신 말씀에도 두 가지 마음이 섞여 있어요. '내 스스로 철학적인 생각을 하고 싶다.'라는 마음과 '다른 사람이 쓴 철학책을 잘 이해하고 싶다.'라는 마음 말이죠. 트라이님은 무엇을 하고 싶으신 건가요?

**철학도 트라이**    저는 그 두 개가 별로 다르지 않은 줄 알았어요. 철학책을 읽으면서 무슨 말인지 알아들으면 철학하는 것 아닌가요?

**소크라테스**    아닙니다. 무슨 말인지 알아듣는 데 막힘이 없다고 해서 꼭 스스로 철학한다고 할 수는 없어요. 쭉 듣고 고개를 끄덕이기만 한다면 고르기아스 씨가 말한 설득술에 그저 동조하는 것과 무엇이 다르겠어요? 스스로 물어보고, 스스로 무슨 뜻인지 생각하고 말할 수 있어야 하지요. 책과의 대화에 본격적으로 뛰어들어야 합니다. 보통 철학책이라고 하는 건 다른 사람이 자기 스스로 철학한 과정과 내용을 체계적으로 종합하고 정리해서 써둔 것일 뿐입니다. 그 내용을 읽고 이해하는 것만으로는 나의 철학이라고 할 수 없습니다. 그렇지만 어떤 사람의 철학책이 내어놓는 질문이나 생각의 흐름이 나의 생각과 교차하거나 비슷할 수는 있겠죠.

**철학도 트라이**    으음.

**소크라테스**    만일 내가 관심 있는 것, 나에게 문제가 되는 것에 관해 스스로 철학하고 싶고, 유명한 철학책의 내용도 알아듣고 싶다면 어떻게 해야 할까요? 자신이 관심 있는 주제를 다루는 철학책을 읽으며 그 책과 적극적인 대화를 나누려고 하는 노력에서 출발할 수 있겠지요.

**알키비아데스**    (갑자기 나타난다.) 안녕하세요, 선생님! (철학도 트라이를 경계하며) 이 친구는 누구죠? 또 선생님에게 새 친구가 찾아왔나요?

**철학도 트라이**　(알키비아데스의 화려한 용모를 보고 감탄한다.) 외, 인녕하세요! 저는 철학도 트라이라고 합니다. 실례지만 누구신지요?

**알키비아데스**　저를 모르시는군요. 이곳 분이 아니신가 봐요. 저는 알키비아데스라고 합니다.

소크라테스　알키비아데스, 우리는 트라이님이 철학적으로 생각해보고 싶은 주제에 대해서 이야기를 나누고 있었어요.

**알키비아데스**　선생님 곁에는 정말 이런 사람들이 하루가 멀다 하고 나타나네요. 결국은 저도 그런 사람들 중 하나일 뿐이겠지만요. 그래서 오늘은 어떤 주제에 관해 대화를 하기로 하셨나요?

**철학도 트라이**　아직 생각 중이었습니다.

**알키비아데스**　생각이요? 자신이 무엇을 말하고 생각하고 싶은지를 곰곰이 따져본 적도 없으면서 우리 선생님을 찾아오셨다는 겁니까?

**철학도 트라이**　아, 네. 알키비아데스님이 무례하시긴 한데, 그 말을 부정할 수는 없네요. 저는 지금까지 제가 무엇을 가장 이야기하고 싶은지 진지하게 생각해본 적이 없는 것 같아요. 물론 제 고민이 있기는 한데, 평소의 저는 그냥 남들이 이 이야기를 하면 이게 궁금하고 저 이야기를 하면 저게 궁금하고 그렇게 살아온 것 같아요. 막상 '철학적인 이야기를 해보자!'라고 멍석을 깔아주시니 그 많은 생각 중에 무엇이 특히 더 중요하고, 무엇을 더 고르고 싶은 건지 말하기가 어렵네요.

**알키비아데스**　아니, 이렇게까지 솔직하게 말씀하시면 그럴 수도 있다고 위로 해주고 싶어지잖아요. 그러나 우리 선생님의 귀한 시간을 당신에게 쏟게 할 수는 없습니다.


## 소크라테스와 함께
## 철학을 해보자


**아가톤**　　　(조금 전부터 대화를 듣고 있다가 나선다.) 알키비아데스, 또 여기서 선생님의 새 친구에게 시비를 걸고 있었군. 죄송합니다. 제가 대신 사과드리겠습니다. 우리 선생님은 진실된 생각을 찾으려 하는 새로운 친구를 언제나 환영하신답니다. 저도 그렇고요. 안녕하세요, 저는 소크라테스님과 알키비아데스의 친구 아가톤[1]이라고 합니다.

**철학도 트라이**　안녕하세요, 저는 철학도 트라이입니다. 아니에요, 대신 사과하실 것까지는 없어요. 알키비아데스님의 정중하지 않은 태도에 대해서는 제가 이미 말을 했고, 알키비아데스님의 말의 내용에는 저도 어느 정도 동의를 하거든요. 내가 철학하고 싶은 주제, 질문, 문제 등이 무엇인지 사실은 저도 잘 모르겠어요.

**아가톤**　　　우리 아테네 사람들은 다 같이 대화하는 일을 무척 즐긴답니

---

1 편집자주) 그리스의 비극시인. 아가톤(Agathon)은 3대 비극시인 아이스퀼로스(Aischylos), 소포클레스(Sophocles), 에우리피데스(Euripides)의 계승자다.

다. 수다 자체가 즐겁기도 하지만 매일 비슷한 하루라는 틀에 박힌 우리의 생각에 숨통을 틔워주거든요. 물론 아무나하고 말을 섞는다고 그렇게 되지는 않고 우리 선생님 같은 분이나, 우리 선생님과 함께 생각하려고 하는 사람들을 만날 때 그렇죠. 사람들이 어떤 주제에 관해 철학적으로 생각하고 싶은지 이야기를 나누는 자리를 가져보시는 것은 어떨까요? 괜찮으시다면 제가 자리를 마련하고 우리 선생님과 트라이님, 그리고 이 대화에 참여하실 분들을 기꺼이 대접하겠습니다. 저에게도 즐거운 자리가 될 것 같네요.

**철학도 트라이** 아가톤님은 정말 친절하시군요! 그래도 될까요? 그럼 제가 대접만 받기도 좀 그러니까, 사람들을 모으는 데 기여할 수 있도록 노력할게요. 저처럼 철학적으로 생각하는 일에 그다지 익숙하지 않은 사람들이 많이 모였으면 좋겠어요.


다음 날 아테네 광장에는 다음의 내용이 적힌 벽보가 한 장 붙었다.


여러분이 철학적으로 생각하고 싶은 것은 무엇인가요? 여러분에게 중요한 문제는 무엇이지요? 무엇이든 괜찮습니다. 오늘부터 일주일이 지난 금요일 오후, 아가톤님의 집에서 소크라테스 선생님과 철학적 대화를 나누는 시간을 가지려 합니다. 맛있는 다과가 준비되어 있어요. 철학 초보자 대환영! 죄송하지만 경력자는 정중히 사절합니다. 참가비는 없습니다. 조건은 단 하나, 여러분에게 중요한 문제를 질문의 형태로 던져주세요. 신청서를 써서 제출하시면 선착순으로 다섯 분을 뽑겠습니다!

# '소크라테스와 함께하는 나의 철학-하기' 참가 신청서

- 이름:
- 자신에게 중요한 물음:




- 자신에게 중요한 이유 혹은 철학적으로 생각해보려는 이유[a]:






자신에게 중요한 이유는 너무 정리해서 쓰려고 하지 마시고, 처음에 왜 이 문제를
생각하게 되었는지 실제로 겪은 경험을 구체적으로 쓰는 것부터 시작하세요.

우리도 신청서를 써보기로 하자. 아가톤과 알키비아데스가 후원 및 참관하고 소크라테스가 함께하는 이번 오픈 클래스의 이름은 '소크라테스와 함께하는 나의 철학-하기'다.

# 세 가지 화두

삶과 고독, 앎과 믿음, 죽음과 영혼

**철학도 트라이** 여러분, 이렇게 참석해주셔서 대단히 감사합니다. 그리고 이런 자리를 허락해주신 소크라테스 선생님과 장소 및 다과 등을 제공해주신 아가톤님께 깊이 감사드립니다. 오늘은 소크라테스 선생님과 철학적 대화를 나누려 합니다. 저는 여러분들이 무엇을 철학적으로 생각할 만한 중요한 물음이라고 생각하는지 참 궁금합니다. 신청서를 먼저 받기는 했는데요. 꼭 신청서대로 말씀 안 하셔도 됩니다. 자유롭게 이야기 나눌 수 있으면 좋겠어요. 다만 다른 사람의 말을 끝까지 듣고, 인신공격을 하지 않고, 성급하게 결론을 내리려 하지 않고, 처음 자기 생각을 고수하려고만 하지 않는 열린 마음을 가지면 좋겠습니다. 이것이 바로 소크라테스 선생님과의 대화에서 꼭 필요한 것이니까요.

소크라테스의 오픈 클래스에서는 일상에서 자주 만날 수 있는 친근하고도 근본적인 물음을 예시로 사용했다. 참석자들과 대화에 함께 참여하면서 철학적 사고방식이 일상적 대화의 흐름에 어떻게 적용되고, 어떻게 실천되고 있는지를 살펴보자. 첫 번째 대화는 하나의 샘플로 철학적 사고방식을 옆에 따로 표기했다. 다만 철학적 사고방식이 반드시 이와 같은 순서로 일어나지는 않는다. 예시는 철학적 사고방식을 전체적으로 보여줄 뿐이다. 이를 참고해 다른 철학적 사고방식의 실천과 적용은 스스로 생각해보자.


## 인간은 왜 외로운가?:
## 삶과 고독

**참석자 C**   소크라테스 선생님, 인간은 왜 외로울까요? 저는 요즘 이 생각에서 헤어나올 수가 없습니다.

**참석자 J**   음, 이렇게 말씀드리는 게 실례일 수도 있는데 그 질문은 성립이 되지 않는 질문인 것 같습니다.

**철학도 트라이**   왜 그럴까요?

**참석자 J** '인간이 왜 외로운가?'라고 물어본다는 것은 '모든 인간은 외롭다.'라는 생각이 당연하다고 깔고 들어가는 것 아닌가요? 다시 말해 C님은 모든 인간이 외롭다고 아주 당연하게 믿고, 그 원인을 찾으려 하고 있습니다. 그 전제가 먼저 확인된 후에야 이 물음을 물을 수 있는 것 아닐까요?

**질문의 분석** 질문이 전제하고 있는 믿음을 찾는다.

**참석자 C** 그럼 J님은 외롭지 않으세요? 전 진짜 사람이라면 전부 다 외로움을 느낀다고 철썩같이 믿고 있었어요.

**믿음의 검토** 이것은 적절한 것일까?

**참석자 J** 제가 외롭지 않다는 것은 아니고 항상 외롭지는 않다는 거예요. 외롭기도 하고, 외롭지 않기도 하고. 그런 식이라면 혹시 외롭지 않은 인간도 있지 않을까요?

**철학도 트라이** 저는 '왜 외로운지 왜 물어볼까?'라는 생각이 들었어요. '왜'를 물어볼 때도 여러가지 방향이 있잖아요. 언제 외로움을 느끼는지를 물어보는 것일까요? 아니면 인간이 외로움을 느낄 수밖에 없는 특징을 갖고 있는데 그 특징이 무엇인지를 찾는 것일까요?

**참석자 C** 음, 그렇게 이야기를 듣고 보니까 언제 외로움을 느끼는지 궁금한 건 아닌 것 같아요. 제가 요즘 외로움을 많이 느끼고 있어서 '언제' 아니면 '어떤 상황에서' 외로움을 느끼는지가 굳이 궁금하진 않거든요? 물론 제가 언제, 어디서 외로움을 특히 더 느끼는지를 찾아볼 수도 있겠지만 저는 언제 어느 때나 외로움이 느껴질 수 있고, 그래서 사람이라면 누구나 외로움을 피할 수 없다는 생각도 했어요. 저는 왜 이렇게 외로움을 느낄 수밖에 없을까, 대신 다른 좋은 감정을 느낄 수는 없나, 여기에서 벗어날 수는 없나, 이건 이렇게 겪을 수밖에 없는 걸까? 이런 생각을 많이 했던 것 같아요.

**알키비아데스**  한가해서 그런 것 아니에요? 취미도 늘리고, 일도 많이 하고, 바쁘게 살면 외로울 틈이 없을 텐데. 심심하거나 무료한 감정을 외로움으로 착각한 건 아닐까요? 시간이 많이 비면 외로움을 더 크게 느끼게 될 수도 있죠.

**철학도 트라이**  (약간 욱했다.) 알키비아데스님 지금 참석자 C님이 어떻게 살아왔는지 다 아는 사람처럼 말씀하시네요. 그렇게 해서 해결될 문제라면 C님이 여기에 그 물음을 가지고 오셨을까요?

**참석자 C**  저 지금 충분히 바쁘게 살아요. 직장도 다니고, 학원도 다니고, 취미 활동도 하고, 운동도 하고, 친구도 만나고, 이직도 준비 중입니다. 주말에는 여행도 다니고요. 그런데 그렇게 바쁜 와중에도 문득문득 외로운 마음이 들더라고요. 이렇게까지 하는데 이렇게 벗어나지지 않을 일인가 싶어서, 그래서 저한테는 무척 긴급하고 중요한 주제가 '외로움'이 된 거예요.

**철학도 트라이**  그럼 C님이 알고 싶은 것은 '인간은 왜 외로 울까?'라기보다 '나는 어떻게 외로움에서 벗어날 수 있을 까?' 같은 게 아닐까요?

**참석자 C**  맞아요! 그런 것 같아요.

**아가톤**  하지만 그게 꼭 C님만의 문제는 아니지 않나 요? 저도 사랑하는 연인과 함께 무언가를 하고 있을 때조 차 문득 외로움을 느끼기도 하거든요. 어깨가 닿고, 손이 닿아 있고, 같이 웃으며 밥을 먹고 있을 때조차 알 수 없는 헛헛한 기분이 느껴질 때가 있어요.

**참석자 J**  그런데 먼저 우리가 말하는 외로움이 뭔지 좀 정리를 해야 하지 않을까요? C님이 말하는 외로움이랑 알 키비아데스님이 말하는 외로움, 아가톤님이 말하는 외로움 이 조금씩 다를 수 있을 것 같아서요. 그래야 그 외로움이 벗어날 수 있는 성질의 것인지, 어떻게 벗어날 것인지, 그 리고 아가톤님이 느끼는 외로움과 C님이 느끼는 외로움이 같은 종류의 것인지에 대해 생각하고 답을 찾아갈 수 있을 것 같습니다. 어때요?

**철학도 트라이**  그럼 C님이 느끼는 외로움은 뭐죠? 아, 그래 서 처음 생각하기 시작할 때는 자기 경험을 돌아볼 수밖에 없나 봐요. 내가 생각하는, 아니 내가 풀고 싶어 하는 외로 움이 과연 무엇인지를 알아야 하니까요.

**문제의 명료화** 지금 내가 묻고자 하는 초 점이 무엇인지를 밝 힌다.

**명료화된 내용을 다시 분석** 애매모호하고 커다란 내용은 질문 의 초점에 맞추어 더 작고 구체적인 질문 으로 쪼갠다.

**다시 문제의 명료화** 질문이 다루는 핵심 적인 말의 의미를 찾 는다. 이 말로 나는 무 엇을 뜻하는가?

**참석자 C**　　그런데 제가 요즘 계속 외로움을 느낀다고 했잖아요. 그러면 모든 경험을 나 ㅜㅜ절절 풀어놓아야만 알 수 있는 걸까요?

**참석자 J**　　꼭 여기 모인 우리한테 다 말씀하실 필요는 없겠죠. 그런데 일단은 자기가 언제 어떻게 느끼는지를 살펴봐야 외로움에 대해 말할 수 있을 것 같습니다.

**철학도 트라이**　　살펴본다는 것이 전부를 나열한다는 의미는 아니니까요. 제 생각에는 경험 속에서 공통점을 뽑아내면 그게 C님의 외로움일 것 같아요. 아니면 그런 것인지 아닌지를 확인하는 첫 단추가 될 수도 있겠죠.

**참석자 D**　　아! 생각난 것이 있는데요, 외로움은 꼭 벗어나야 하는 것일까요? 그렇게 생각하니까 더 힘든 건 아닐까요?

**참석자 J**　　그걸 알기 위해서라도 외로움이 무엇인지를 알아야 할 것 같아요. 만일 인간이 어차피 벗어날 수 없는 특징이 외로움이라면 벗어나려고 발버둥치는 게 우리를 더욱 힘들게 할 수도 있으니까요. 만일 그렇다면 우리는 벗어날 수 없는 외로움과 어떻게 덜 힘들게 함께 지낼 수 있을지를 생각해봐야 하겠네요.

**참석자 C**　　음, 제가 느끼는 외로운 기분의 공통점을 생각해봤어요. 일단 저의 외로움은 '같이 있을 때조차 전혀

---

**추상적 사고하기** 말의 의미를 찾기 위해 구체적 경험에서 추상적 사고로 나아간다.

**질문 방향의 검토** 질문이 전제하고 있는 믿음을 검토하는 활동의 일환이다.

**대안적 질문의 가능성 검토** 핵심적 말의 의미에 따라 질문의 초점은 달라질 수 있다.

---

소통할 수 없다.'라는 느낌에서 나오는 것 같아요.

**아가톤**　　　제가 받아 적어볼까요? 우선 '같이 있어도 소통이 되지 않는 기분이다.'라는 게 첫 번째네요.

**알키비아데스**　그런데 그게 다예요? 말은 원래 안 통할 때도 있는 거잖아요.

**참석자 C**　　　제 말을 좀 끝까지 들어보세요, 알키비아데스님. 제가 그게 다라고 말하지는 않았어요. 그리고 또 제가 느끼는 외로움은요.

질문 분석, 문제의 명료화, 질문의 검토, 대안적 사고의 제시는 반복될 수 있다.

# 확신할 수 있는 것이 있을까?:
# 앎과 믿음

삶과 고독에 대해 토론한 지 약 다섯 시간이 경과했다. 그사이 한 차례 식사를 마치고 차를 마시는 중이다.

**참석자 D[b]**　　저는 확신을 잘 갖지 못해요. 제가 말하는 게 정확한지 잘 모르겠어요. 그래서 말하고 나서도 신경 쓰여요. 단정지어서 말하기가 너무 힘들고요. 사실은 저뿐만 아니라 다른 사람이 하는 말도 잘 못 믿겠어요. 믿기 싫은 게 아니라 저는 정확한 이야기를 믿고 싶고, 정확한 이야기만 하고 싶어요. 얼토당토않은 이야기에 휘둘릴 수 없잖아요. 헛소문에 홀려서 재산을 탕

진한 친구들도 많이 봤어요. 그리고 제 입으로 말하긴 좀 그렇지만, 저의 집안이 좋거든요. 어렸을 때부터 훌륭한 분들을 많이 만날 수 있었어요. 그 분들이 좋은 말씀도 많이 들려주셨죠. 그 유명한 프로타고라스, 고르기아스 선생님 등 웬만한 선생님들은 다 만나봤을 거예요. 그런데 제가 많은 분들께 좋은 이야기를 자주 듣는 게 꼭 좋지만은 않더라고요.

**알키비아데스**   아니, 왜요? 하긴 그 사람들은 우리 선생님 같은 사람이 아닐 테니까.

**참석자 D**   그 훌륭한 분들이 하시는 말씀이 전부 다 다르더라고요. 더 헷갈리는 거예요. 도대체 무슨 말을 믿고, 무슨 말을 내 인생의 기준으로 삼아 살아야 할지. 이 세상에 믿을 만한 말이란 게 있기는 할까요? 아니면 그때그때 되는 대로 믿어야 하나요? 믿을 만한 말을 도대체 어떻게 찾지요? 뭐가 가장 맞는 말일까요?

**알키비아데스**   어이쿠, 질문이 너무 많으신데요. 하나씩 하죠, 하나씩. 아가톤, 잘 받아 적고 있어?

**철학도 트라이**   제가 잘 몰라서 그러는데요. 지금 D님은 다른 사람들의 말과 내가 하는 말을 잘 못 믿겠다고, 확신을 못 갖겠다고 하셨잖아요. 그럼 말하는 것 말고 지금 이렇게 우리와 마주하고 이야기 나누고 직접 경험하고 있는 것은요? 말은 서로 옮기다 보면 얘기가 달라지거나 자기변명으로 가기 쉬우니까 더 확신을 못 갖는 것 아닐까요? 그런데 지금 겪고 있는 일에 대해서는 저 사람이 나를 어떻게 평가하는지 확신할 수는 없어도, 저 사람이 지금 무슨 옷을 입고 어떤 목소리로 말하고 있는지에 대해서는 딱히 헷갈릴 만한 것이 없잖아요.

**알키비아데스**    저 그게 뭔지 알아요! 지금 우리가 겪어서 확인할 수 있는 '사실'을 말하는 것이죠? 그래서 사람들이 사실을 확인해야 한다고 하잖아요. D님은 자꾸 말에 기대려고 하니까 더 헷갈리는 게 아닐까요?

**참석자 D**    (어두운 표정으로) 하, 제가 많이 생각해봤거든요. 그럼 알키비아데스님은 지금 우리가 이야기를 나누는 이 순간이 '사실'이라고 확신할 수 있으세요? 그런 확신은 어떻게 갖나요? 사실 이게 꿈일 수도 있고, 우린 누가 지어낸 이야기 속의 캐릭터일 수도 있잖아요.

**알키비아데스**    뭐, 누가 지어낸 이야기 속 캐릭터라고 해도 나는 내 삶에 만족하긴 합니다. 아니 그보다 D님은 너무 멀리 나간 것 같아요. 이 순간이 어떻게 꿈이겠어요. 집에서부터 여기까지 어떻게 왔고, 우리가 어떻게 만났고, 이후에 어떻게 인사 나눴는지 그 과정이 하나하나 다 생생한데!

**참석자 C**    알키비아데스님, 그런데 제가 어젯밤에 꿈을 꿨어요. 여기 오는 게 너무 설렜나 봐요. 꿈이 진짜 생생해서 제가 너무 기분이 좋았단 말이에요? 꿈에서 먹었던 아가톤님의 쿠키가 엄청 맛있어서 제가 레시피를 알려달라고 부탁드렸거든요. 그 장면이 아직도 생생해요. 그래서 그때는 진짜 철썩같이 그게 현실이고 사실이라고 믿었어요.

**알키비아데스**    아니 믿으면 뭐합니까, 다 꿈이었는데. 아! D님이 말하는 게 이런 거예요? 세상에 믿을 만한 것이 없다는 게? 그럼 주제가 너무 심각해지는데.

**참석자 J**    여기서 핵심은 우리가 꿈이라고 믿든, 현실이라고 믿든, 뭐가 되었든 우리의 믿음이 틀릴 가능성이 있다는 것 같습니다. 하지만 틀릴 가능성이 없는 게 이 세상에 있을까요?

**아가톤**　그럼 이 세상에는 확언할 수 있는 것이 하나도 없고, 지금 이렇게 보이는 것도 언제든 달리 보일 수 있단 말이 되는데요. 그렇게 불확실한 세상 속에서 우리가 살아 있을 수 있을까요? 말로야 당장은 세상이 무너질 가능성도 있다고 하지만 진짜로 세상이 무너지지는 않잖아요.

**참석자 C**　모든 것이 틀릴 수 있다는 말도 틀릴 가능성이 있지 않나요?

**철학도 트라이**　잠깐만요, 우리 다시 D님의 질문으로 돌아가죠. 그래서 D님의 물음을 좀 더 좁히고 단순하게 만듭시다.

**참석자 D**　여러분의 이야기를 들으면서 생각이 조금 정리되었어요. 제가 궁금한 것은 '세상에 틀릴 가능성 없는 확실한 것이 있을까?'라는 의문입니다. 물론 그것만 궁금한 건 아니지만요. 이걸 알고 찾을 수만 있다면 그다음에는 이 확실한 것을 기준 삼아 다른 문제를 가늠할 수 있겠죠. 얼마나 확실한 것에 가까운지, 혹은 멀어지는지.

# 죽음 뒤에는 무엇이 있을까?:
# 죽음과 영혼

두 번째 주제 이후 잠시 휴식을 갖는다. 이번에는 '죽음과 영혼'을 주제로 참석자 K가 말을 꺼낸다.

**참석자 K**　　저는 조금 어두운 이야기일 수도 있는데요. 저는 기억도 없는 어린 시절부터 이런 생각을 안고 있었던 것 같아요.

**철학도 트라이**　그게 뭔데요? 편하게 말씀해주세요.

**참석자 K**　　우리가 죽은 뒤에도 살아 있을 수 있을까요?

**참석자 전원**　네?

**참석자 K**　　하긴 죽은 뒤에 살아 있다니 말의 앞뒤가 맞지 않네요. 실례했습니다. 저는 어렸을 때부터 죽는다는 게 너무 무서웠어요. 내가 언제라도 죽을 수 있다고 생각했고 '죽은 뒤에 다 사라져버리는 걸까?'라고 생각하니 몸이 오들오들 떨렸어요. 항상 죽음을 생각할 때마다 모든 것이 허무하게 느껴졌죠.

**알키비아데스**　그렇다고 안 죽을 수 있는 것도 아닌데, 그냥 사는 동안 좀 편하게 살면 안 되나요? 미리 두려워해도 바뀌는 건 없잖아요. 물론 명예로운 아테네인은 죽음을 두려워하지 않지만요.

**참석자 K**　　(알키비아데스의 말에 아랑곳하지 않고) 그런데 사람들이 귀신 이야기를 하잖아요? 영혼이라는 말도 쓰고요. 그 말을 처음 알게 된 때부터 궁금했어요. 죽은 뒤에도 뭔가 있는 건가? 정말 영혼이라는 게 있는 건가? 죽은 사람의 몸, 그러니까 시체도 인간의 몸이라는 점은 똑같잖아요. 그런데 몸이 있다고 다 움직이지는 않으니까, 그 몸을 움직이는 특별한 힘이 있지 않을까요?

**참석자 J**　　살아 있는 사람의 몸과 시체의 몸이 똑같은 건 아니죠. 시체는 활동이 정지된 몸인데.

**참석자 C**    저 K님이 하시려는 말이 무엇인지 알겠어요! 지금까지 아가톤님이 정리하던 방식대로 정리해볼게요. '죽은 뒤에는 뭐가 있을까?' '살아 있는 몸과 죽은 몸은 같은 몸인데 어떻게 삶과 죽음으로 나뉠까?' 이런 이야기죠? 그럼 마음속에 이런 믿음이 자리 잡고 있는 건 아닐까요? 첫 번째, 삶과 죽음은 같지 않다. 두 번째, 인간에게는 몸과 구분되는 특별한 힘이 있다. 세 번째, 그게 바로 영혼이다. 우린 우선 이 생각들을 검토해야 할 것 같습니다.

**참석자 J**    맞아요. 영혼이 과연 있을까요?

**소크라테스**    있다는 것은 다르게 표현하면 존재한다는 것이죠. 존재하는 것에는 두 가지 종류가 있어요. 볼 수 있는 존재가 있고 볼 수 없는 존재가 있습니다.

**참석자 J**    그렇죠. 세상에 존재하는 것이 전부 다 눈에 보이는 것은 아니니까요. 보이지 않는 존재도 있죠.

**소크라테스**    그렇다면 우리의 몸은 어떤 존재일까요?

**참석자 C**    당연히 볼 수 있는 것이죠!

**소크라테스**    영혼은 어떤가요?

**참석자 K**    영혼은 볼 수 없는 존재인 것 같은데요.

**소크라테스**    그렇다면 우리가 볼 수 없는 존재를 관찰하고 증명하기 위해 볼 수 있는 존재를 관찰하고 증명하기 위한 방법이나 도구, 말하자면 시각이나 청각과 같은 감각을 사용하는 건 소용이 없겠네요. 애초부터 다른 분야에 쓰는 도구를 들이대는 것과 같으니까요.

**참석자 K**    과연, 이야기가 그렇게 되나요? 그러고 보니 몸은 다른 사람도 관찰 가능하지만 나의 영혼이 무엇을 고민하고 원하는지는 나 자신만이 알 수 있죠. 그것까지 다른 사람이 볼 수는 없으니까요.[d] 그러니까 몸과 영혼은 서로 다른 특성을 가지고 있고, 그럼 서로 다른 것이죠. 우리는 서로 다른 특징을 지닌 존재인 몸과 영혼의 복합적 존재군요!

**참석자 J**　　　글쎄요, 과연 그럴까요? 저는 생각이 좀 다릅니다.


　결국 이들의 대화는 밤을 꼬박 새고 동이 틀 때까지 이어졌다. 자신이 이 대화의 참여자라고 생각해보자. 앞서 적었던 나의 질문을 펼치고, 변형시키면서 나의 진짜 물음과 물음의 핵심 요소, 풀이의 방향을 찾아보자. 혼자서 생각하기 어렵다면 4장에서 배운 '나의 문제를 검토하는 철학적 사유의 프로세스'를 적용해보자.

# 철학은 무엇을 문제로 삼는가 ①

**철학의 주요 문제**

**아가톤**　　트라이님, 다른 사람들과 함께하는 철학 오픈 클래스 시간은 어떠셨나요? 원하던 것은 찾으셨나요?

**철학도 트라이**　정말 재미있었어요. 아가톤님이 많이 도와주신 덕분입니다. 제가 처음부터 뭔가 너무 거창하게 생각하려고 했던 것 같아요. 함께 이야기하면서 하나씩 찾고, 또 하나씩 고치거나 보완하면서 나아가면 해결할 수 있었을 텐데 말이에요.

**아가톤**　　맞아요, 저도 소크라테스 선생님과 함께하며 느꼈죠. 철학적 주제나 철학적 논의라고 해서 꼭 거창한 주제부터 시작할 필요는 없고, 아주 사소한 고민에서부터 시작할 수 있습니다.

**철학도 트라이** 사실 저는 제가 무엇을 생각하고 싶은지 알고 있었어요. 처음 소크라테스 선생님을 만났을 때부터 제 고민을 꺼내려고 했었고요. 그런데 막상 말하려니까 제 고민이 별로 철학적인 주제 같지 않아서 주저하게 되었죠. 어렵고 대단한 것을 멋지게 말해야 할 것 같은 생각에 솔직하게 말할 수 없었나 봐요. 다행히 사람들과 대화를 하면서 깨달은 부분이 있었습니다. 철학적 주제가 부담스러웠다기보다 내가 내 힘으로 온전히 나를 바라보고 생각하는 일 자체가 부담스러웠던 것 같아요.

**아가톤** 왜죠? 남이 나에 대해서 마음대로 생각하는 것도 싫고 내 생각을 남한테 굳이 말하는 것도 부담스럽지만, 내가 나에 대해 혼자 속으로 생각하는 건 오히려 편한 일 아닌가요?

**철학도 트라이** 그렇기도 한데, 자기 자신에 대해서 어떤 보호막이나 변명 없이 똑바로 바라보는 일은 쉽지도, 편하지도 않거든요. 소크라테스 선생님과 대화하면서 느낀 건데 제가 생각보다 저를 잘 모르더라고요. 남들이 저를 그렇게 평가하니까 저도 모르게 그 말을 받아들인 부분도 있었고, 반대로 제가 저 스스로 마음 가장 깊은 곳에서는 어떻게 생각하는지를 잘 알면서도 모른 척하는 부분도 있었죠. 아직도 스스로의 힘으로 할 수 있는 일과 그렇지 않은 일을 잘 구분하지 못하는 것 같아요. 어쩌면 제가 피하는 것일 수도 있겠죠.

**아가톤** 여러 가지 생각을 하셨네요. 그래도 괴로워 보이진 않아요.

**철학도 트라이** 네! 정말로 풀어가기 위해서, 내가 지금 풀 수 있는 방식으로 문제를 만들기 위해서 생각하는 중이거든요. 내 안에 풀어갈 힘이 있다 생각하고 하나씩 풀다 보면 그저 고민을 반복하는 일만은 아닐 것이라는 희망을 갖게 되었어요.

**아가톤**　　　그렇군요. 저도 트라이님 말씀을 들으면서 느끼게 되는 것이 참 많네요.


## 철학사 공부와
## 위대한 대화


**철학도 트라이**　그런데 오픈 클래스에 참여하면서 새로운 궁금증이 생겼어요. 아가톤님에게 여쭤 봐도 될까요?

**아가톤**　　　물론이죠. 무엇이 궁금하신가요?

**철학도 트라이**　다른 철학자들은 무엇을 철학적 생각의 주제로 다루었나요? 어제 모임은 철학 초보자들의 모임이었잖아요. 철학적으로 많이 훈련된 사람들은 무슨 생각을 어떻게 했는지, 그 사람들이 특별히 더 다루는 주제가 있다면 무엇인지 궁금해서요. 소크라테스 선생님과 대화하면서 철학 자체에 흥미가 생겼습니다. 철학이 무엇이고 어떻게 하는지를 전부 알고 싶어요. 처음부터 끝까지, 작은 것부터 큰 것까지 놓치지 않고.

**아가톤**　　　와, 원대한 호기심이네요.

**철학도 트라이**　사실 궁금한 것은 더 많아요. 원래 제가 가지고 있던 고민도 생각해봐야 하고요. 그런데 소크라테스 선생님과 함께하다 보니 '철학' 자체에

대한 궁금증이 커지더라고요. 더 알고 싶어졌어요. 그러고 보니 소크라테스
선생님은 어디 계신 걸까요?

자신이 무엇을 어떤 식으로 생각하고 싶은지 발견하기 어려울 때, 그
때가 바로 다른 관점, 다른 사람이 필요한 때다. 다른 사람과 솔직히 터
놓고 말하고 경청하며 서로를 돕는 대화는 나의 생각을 트이게 한다. 그
러나 이런 대화를 함께할 사람을 쉽게 찾기 어려울 수도 있다. 또 다른
방법은 내가 다른 사람의 입장이 되어 나 자신과 대화하는 것이다. 그러
나 나 자신과의 대화가 익숙하지 않으면 문제의 핵심을 찾지 못하고 잡
념에 빠져 괴로움만 증폭하는 결과를 낳게 된다.

그럴 때 필요한 것이 철학적 사유의 과정을 풀어 체계적으로 정리해
둔 철학책이다. 철학책을 읽으면서 우리는 시공을 뛰어넘어 철학자와 대
화를 나눌 수 있다. 그래서 철학사를 공부하는 일 또한 철학을 하는 것과
같다. 철학사를 공부하는 건 단순히 지난 기록을 살피는 일이 아니다. 철
학사 공부를 통해 다른 사람의 질문이 어떤 것이었고, 그 질문과 질문을
풀려고 노력하는 생각이 다른 사람의 질문과 생각법에 어떤 영향을 끼쳤
는지 볼 수 있다. 그리고 더 나아가 그들의 대화에 함께 참여할 수 있다.

노르웨이의 철학자 군나르 시르베크(Gunnar Skirbekk)는 과거의 철학을
진지하게 공부하는 유일한 방법은 해당 철학자의 이야기를 듣고, 그 이
야기에 대한 나름의 입장을 취하고, 그에 따라 그 철학자가 제기한 물음
에 답하며 철학자와의 대화에 참여하는 것이라 말했다.[e]

# 철학사,
# 어떻게 읽을 것인가?

철학적으로 생각하는 방법은 철학사를 읽을 때도 적용된다. 철학사 이외의 다른 철학 문헌도 마찬가지다. 철학책도 다른 분야의 책과 마찬가지로 책의 주요 내용을 전체적으로 파악하는 게 기본이다. 그러나 철학책을 읽는 일의 핵심은 줄거리 파악보다 철학적 대화에 있다. 철학사에서 "나는 생각한다. 고로 존재한다."라는 말로 유명한 르네 데카르트(Rene Descartes)의 부분을 읽는다고 생각해보자. 그때 우리는 다음과 같은 방식으로 그와의 대화를 시도할 수 있다.

## 1. 철학자의 핵심 물음을 찾는다.

"데카르트 씨는 무슨 질문을 품고 있을까?"라는 물음에서 시작하면 된다. 물론 데카르트 씨는 여러 가지 궁금증을 안고 있을 수 있다. 우리 역시 그렇다. 여기서는 여러 질문들 중에서 다른 질문들을 포괄하거나 관통할 수 있는 주된 질문이 무엇인지 찾아야 한다. 책을 읽으면서 "데카르트 씨, 당신의 핵심 물음은 무엇인가요?"라고 물어보는 것이다. 그에 따라 자신이 생각한 핵심 물음을 간단명료한 하나의 의문문 형식으로 만든다. 처음부터 아주 잘 찾을 필요는 없다. 임의로나마 하나의 길을 뚫고 나아가보자. 그 길에서 발견한 것을 활용해 다시 길을 다듬고 제대로 정비할 수 있다.

데카르트의 초상화. 그는 근대철학의 포문을 연 철학자다.

주장이 아니라 물음을 찾는 이유는 우리에게 필요한 건 그의 결론이 아니기 때문이다. 결론도 물론 중요하지만 무엇보다 중요한 건 그가 문제를 문제라고 생각한 이유, 그 문제를 풀기 위해 택했던 생각의 방법과 단계, 그때마다 내놓았던 작은 결론과 이를 뒷받침하는 근거, 그리고 그들 간의 전체적인 관계다. 물음을 찾는 과정을 통해 우리는 데카르트의 주장과 근거만이 아니라 생각을 펼치고 점검하는 방식까지 함께 살펴볼 수 있다.

일반적인 철학사의 경우 학자의 사상을 소개하는 도입부나 소제목에 해당 철학자의 핵심 탐구 주제를 서술한다. 철학사가 아니라 철학자가 쓴 단행본이나 논문을 읽는다면 대개 머리말이나 서론에서 탐구할 문제와 문제가 문제인 이유까지도 찾을 수 있다. 책의 앞부분이 중요한 이유다. 쓰기 방식에 따라 탐구 주제나 질문을 전면에 드러내지 않는 경우도 있는데, 그럴 때는 책의 제목과 목차를 통해 '이 사람은 아마 이런 질문을 갖고 있지 않을까?'라는 생각을 염두에 두고 시작하면 된다.

## 2. 그 문제가 왜 문제가 되는지 찾는다.

이제 그 문제가 왜 문제가 되는지 찾아야 한다. 물론 그냥 "그렇구나." 하고 넘어가거나, 다른 사람이 이미 생각한 결과물의 도움을 받아 이해하고 넘어갈 수도 있다. 하지만 어째서 문제로 다뤄지는지 생각해보는 과정이 중요하다. 진지하게 물어보자. "데카르트 씨에게 그것은 왜 문젯거리가 되나요?"라고.

어떤 물음이 단순한 의문이 아니라 하나의 문제로 다가오는 이유를 파악하는 것은 문제의 배경을 탐색하는 과정이다. 다만 철학사에서 문제의 배경을 파악할 때는 당시 시대 상황에만 집중하지 않는 것이 중요하다. 흔히 사람들은 배경이라고 하면 역사적 사건을 떠올리지만 철학사에서는 그렇지 않다. 물론 시대상의 전환도 어떤 생각을 '깊이 생각할 만한 문제'로 만드는 데 주요 원인이 된다. 그러나 물음과 물음을 둘러싼 탐구의 흐름으로 철학사를 본다면, 철학적 문제의 배경에는 그보다 더 중요한 것이 있다. 바로 이전의 혹은 다른 철학적 사고다.

철학사를 읽다 보면 이전에 혹은 비슷한 시기에 다른 사람이 생각해 이미 대답을 내놓은 물음을 또다시 탐구하는 경우가 많다. 이것은 이전에 나온 대답으로는 다 만족되지 않는 부분이 있기 때문인데, 만족되지 않는다는 건 단순히 '내 맘에 안 들어!'라는 뜻이 아니다. 다른 철학의 결론은 물론이고 결론을 펼치기 위해 거친 단계적 근거들, 그 근거를 얻기 위해 사용한 생각의 방식, 그렇게 해서 얻은 생각을 해석하는 방식 등을 철저히 검토했을 때 그냥 넘어갈 수 없는 부분이 발견되었다는 뜻이다.

그럴 때 철학적 탐구는 '새롭게' 진행된다. 기존의 탐구 방법을 바꾸거나, 풀이 과정에서의 방향을 바꾸거나, 새로운 자료나 방법, 관점을 도입하는 등 유사한 주제에 대해서도 또 다르게 탐구하기 때문에 새롭다.

어떤 것이 왜 문제로 제시되었는지를 파고 들면 그에 대한 어떤 방식의 생각이 있었는지, 그리고 그 생각이 철저하게 다 풀었다고 보기 어려운 지점은 무엇인지를 알 수 있다. 이렇게 함으로써 해당 철학자가 집중하려고 하는 지점이 어디인지를 파악하고, 생각의 전개가 나아갈 방향을 미리 그려볼 수 있으며, 서로 다른 철학들의 연관 관계를 찾을 수 있다.

철학사가 아닌 현대의 철학 문헌 또한 마찬가지다. 어떤 철학자가 "인간과 AI는 향후 어떤 관계를 맺을까?"를 주제로 다룬다고 가정해보자. 이 문제가 지금까지 한 번도 다뤄진 적이 없어서 탐구 주제로 삼은 것일 수도 있고, 지금까지 제시되었던 생각을 철저하게 점검하다 보니 다 이야기되거나 충분히 설명되었다고 보기 어려운 부분이 있어서 탐구 주제가 되었을 수도 있다. 전자의 경우에는 그때까지 다른 연구에서 인간과 AI에 대해 어떤 문제를 주로 다뤘는지 생각해볼 수 있다. 후자의 경우라면 그 철학자의 글에 드러난 문제를 살펴봄으로써 다른 연구가 해당 탐구 주제를 어떤 관점에서 생각하는지, 그 결론과 근거는 무엇인지, 다 풀렸다고 보기 어려운 부분은 어떤 지점인지 생각할 수 있다. 그리고 그런 생각의 관계 속에서 나 자신의 생각이 어디쯤에 위치하는지도 가늠할 수 있다.

### 3. 문제를 어떻게 풀어나가는지 찾는다.

이제 해당 철학자가 문제를 어떻게 풀어나가는지 찾을 차례다. "데카르트 씨는 어떤 방법과 단계에 따라 이 문제를 생각하고 있는가? 그 생각은 어떤 과정을 거쳐 어떻게 펼쳐지는가?"라는 물음을 던지는 단계다. 이때 방법이란 철학자가 자신의 물음을 탐험하기 위해 사용하는 주요 아이템이자 기술이다. 그러나 철학자의 기술에서 핵심은 눈에 보이고 손에 잡히는 것에 있지 않다. 철학자의 주요 기술은 역시 생각과 관련되어 있다. 그래서 이 방법은 생각으로 실험을 한다는 뜻에서 '사유 실험'으로 불리기도 한다. 그런데 모든 실험에는 조건이 있다. 사유 실험도 마찬가지다. 철학의 방법을 찾는다는 것은 철학자가 사유 실험에서 실험실의 한계를 어디까지로 지정하고, 실험의 조건을 어떻게 지정하며, 그 실험을 어떤 식으로 수행하는지와 관련이 있다.

예를 들어 데카르트 씨의 경우에는 믿을 만한 것을 찾기 위해, 믿을 만하다고 검증되지 않은 것을 전부 의심하는 방법을 택했다. 그러므로 사유 방법으로서 데카르트 씨의 의심은 무작위로 세상 모든 것을 아무렇게나 의심하는 것과는 다르다. 실험에는 반드시 목적과 경계, 단계가 있음을 기억하자. 데카르트 씨의 실험 과정은 주변에 있는 가장 가깝고 선명하게 다가오는 것부터 시작해 점차 복잡하고 어려운 것을 향해 단계적으로 진행된다.

보통 그 철학자가 사용하는 생각의 방법은 글의 서론 혹은 본론의 본격적인 시작에서 직접 언급된다. 그렇지 않은 경우, 글 속에서 논증을 찾아 그 관계도를 그려보면 파악이 쉽다. 주장과 근거를 담은 논증 찾기는 우리가 지금까지 반복적으로 연습해온 활동이다. 어떤 생각에서 핵심적인 말을 찾고, 말의 의미를 분명하게 짚으며, 그렇게 말하는 근거를 찾는다. 글의 내용 안에서 핵심적인 주장과 근거를 찾아 논증으로 재구성하고, 각 논증이 서로 어떻게 연관을 맺고 있는지를 그려보자. 이 역시 완벽하게 잘할 필요는 없다. 중요한 것은 이야기가 그저 흘러가게 내버려두지 않고, 어떤 근거로 무엇을 말하고 있는지 주의 깊게 살피는 활동이다. 이는 상대의 이야기를 경청하는 활동이며, 우리는 경청을 통해 함께 그 주제에 관해 깊이 생각해볼 수 있다.

이 과정에서 데카르트 씨가 본래 풀고자 했던 문제를 잊지 않는 것이 매우 중요하다. 부분에 집중하다 보면 전체적인 방향을 잊기 쉽다. 그러나 각 부분은 최초의 핵심 물음을 탐구하기 위한 과정임을 기억하고, 그 과정의 연결, 관계, 흐름이 어떻게 펼쳐지는지를 체크해야 한다. 하나의 논증만을 파악하는 것이 아니라 각 논증이 어떤 관계를 맺고 있는지 살필 필요가 있다. 예를 들면 첫 번째, 두 번째 논증은 세 번째 논증으로 나아가기 위한 근거를 제시하는 단계이고, 세 번째 논증의 결론은 다시 네 번째 논증과 만나 최종 결론에 도달하는 식이다.

그래서 철학책은 눈으로만 보기보다 손으로 함께 읽으면 좋다. 대화를 할 때 말이 잘 통하지 않으면 신체 표현을 통해 의미 전달을 돕는 것과 마찬가지다. 책을 펴놓고 주요 용어, 근거, 결론을 체크하고, 이들 관계를 화살표 등을 사용해 그림으로 나타내보자. 그렇게 찾아낸 내용에 대해 자신은 어떻게 생각하는지를 말풍선, 따옴표 등을 통해 적어 넣어도 좋다. 정말 대화를 하듯이 말이다. 그리고 가장 마음에 걸려 그냥 넘어갈 수 없는 부분이 어디인지도 생각해보자. 이런 과정을 통해 우리는 데카르트 씨와 대화하고 그의 생각을 이해하려 접근하는 한편, 나 자신의 문젯거리도 찾을 수 있다.

**4. 펼쳐진 생각은 처음의 문제와 적절한 관계를 맺고 있는지, 아직 남은 이야기는 없는지 찾는다.**

이제 펼쳐진 생각이 적절한 것인지를 검토해야 한다. 이는 논증의 평가 단계에 속한다. 그러나 논증 평가는 그 생각에 찬성 혹은 반대, 둘 중 하나의 입장을 택하기 위한 과정이 아니다. 그런 목적에도 기여할 수 있지만 그것만은 아니다. 철학에서 논증 평가는 어떤 부분에 생각이 더 필요한지, 어떤 지점에서는 지금과 다르게 생각할 수 있는지 등 생각의 필요성과 가능성을 찾는 작업이다.

먼저 논증으로 재구성한 생각의 관계를 체크한다. 앞에 나온 논증의 평가 파트를 활용해보자.

1. 전제는 거짓된 내용이 아니며 결론과 밀접한 관계를 맺고 있는가?
2. 사용된 전제는 하나의 공통된 결론을 뒷받침하는가? 전제들이 서로 충돌하는 것은 아닌가?
3. 동일한 전제로부터 다른 결론이 나올 가능성은 없는가?

그다음 논증들 간의 관계에 대해 앞과 같은 질문을 던진다. 논증의 근거와 정당화 과정을 살펴보고, 논증들이 모여서 처음의 핵심 물음을 적절히 탐구하고 있는지도 살펴본다. 매우 쓸모 있는 이야기를 생각했어도 처음의 물음과 크게 관련이 없다면, 그 물음의 탐구에는 적절하지 못한 생각일 것이다. 반면 물음에 대한 답변을 멋지게 제시하지는 못했어도 물음을 풀어가는 생각의 방법이 처음의 물음과 깊은 관련이 있다면, 그 물음을 탐구하기에 매우 적절하다고 평가할 수도 있다. 후자라면 그 방식과 방향은 바꾸지 않은 채 탐구를 계속 이어가면 된다. 이 같은 평가 속에서 태어나는 것이 또 다른 철학이다. 논증 평가를 통해 지금의 생각이 충분하고 철저하게 다 밝혀내고 있지 못한 것을 다시 새롭게 탐구하게 된다.

## 물음이 더 이상 문제되지 않아도
## 철학적 탐구는 끝나지 않는다

대부분의 위대한 철학이 얻는 평가는 '이게 끝이 아니라니! 문제가 해결된 줄 알았더니 또 다른 문제가 생겼잖아요. 문제의 연속이네요. 저한테 왜 이러세요?'에 가깝다. 한 가지 물음에 실마리를 찾았고, 그래서 처음의 물음이 더 이상 문제적이지 않다고 해서 우리의 탐구가 끝나는 것은 아니다. 그저 한 고개를 넘었을 뿐이다. 산을 오르면 내려갈

일을 생각한다. 마찬가지로 법을 만들 때는 좋은 법이 어떤 것인지 고민하며, 법을 제정하고 나면 이제 그 법을 실제로 어떻게 시행하고 준수하게 할지를 고민한다. 철학적 탐구도 그렇다. 걷는 동안 길은 계속 이어지고, 우리는 그 길을 계속 걷는다.

# 철학은 무엇을 문제로 삼는가 ②

## 철학의 세 가지 주된 문제

철학사에서 반복해서 다뤄지는 주된 물음은 크게 세 가지다.

**첫 번째 문제,**

**존재론**

"무엇이 있는가?" 사실 이 물음은 정확한 표현이 아니다. 우리
는 너무 쉽게 "책상이 있다." "버스가 있다." "토끼가 있다." 등 존재의

유무를 말하고는 한다. 그러나 과연 무언가 있다는 말의 진짜 의미는 무엇일까? 앞서 오픈 클래스를 통해 "영혼이 있는가?"라는 주제를 논할 때, 만일 우리가 그 대화에 참여했다면 '있음'의 의미부터 물어봐야 했을 것이다. 그 대화에서 나의 영혼은 자신 이외에는 누구도 확인할 수 없고, 시각이나 청각 같은 인간의 감각기관을 통해서 확인되지 않는 것이었다. 그런 것을 과연 있다고 말할 수 있을까? 볼 수도 없고, 들리지도 않고, 만질 수도 없다. 나뿐만 아니라 누구에게나 그렇다. 그리고 나 이외에는 누구도 그것이 있다고 확인할 수 없다. 스스로 확인할 수 있다고 해서 증명할 수 있는 것도 아니다. 그런 것이 과연 정말로 있는 것일까?

하지만 내 마음의 괴로움을 생각해보자. 내 마음의 괴로움이 어떻게 움직이고 얼마만큼의 무게이며 얼마나 제멋대로인지, 얼마나 나를 힘들게 하는지는 오직 나 자신만이 안다. 다른 사람은 내 마음의 괴로움을 보거나 들을 수 없고 내가 아무리 열심히 설명하려 해도 그들은 내 괴로움에, 그리고 괴로움을 겪는 나에게 온전히 와닿을 수 없다. 그래서 우리는 때때로 타인의 괴로움을 과장되었다고 생각하거나 있지도 않은 꾀병이라고 치부한다. 그러나 남들이 닿을 수 없다고 해서 내가 느끼고 있는 이 괴로움이 없는 것이 될 수는 없다. 객관적으로 확인하기 어려운 것이 있냐고 묻는 물음에 "아니."라고 쉽게 답할 수 없는 이유다.

그리고 사라지는 것을 생각해보자. 이 괴로움도 언젠가는 사라질 것이다. 사랑도 마찬가지다. '이게 사랑이 아니면 도대체 뭐가 사랑일까?' 싶을 만큼 나를 사로잡은 이 감정도 언젠가는 사라진다. 이렇게 온 마음이

터질 것처럼 고민하고 있는 나 역시 언젠가는 사라진다. 어디 나뿐일까? 인류도 언젠가는 사라질 것이다. 그것이 언제인지는 예측할 수 없더라도 결국 사라지기 마련이다. 그래서 사람들은 때때로 좋은 일에도 애달파한다. 이렇게 좋은데 결국 스쳐지나가버리고 다시는 되돌릴 수 없음을 알기 때문이다. 반대로 아무리 힘든 상황이 닥쳐도 우리를 받쳐주는 오래된 격언이 있다. "이 또한 지나가리라." 그렇게 사라져버릴 것에 대해 우리가 감히 있다고 도장을 쾅 찍어 말해도 되는 것일까? '잠시 있는 것'과 '있음'이라는 말은 구분해야 하지 않을까? '잠시 있는 것'은 말 그대로 '있음'이 기준이고, 거기에서 일시적으로 그 특징을 빌려온 것뿐이니까. 아니, 그러니까 도대체 '있음'이 뭘까? 생각은 다시 꼬리에 꼬리를 물다 원점으로 돌아온다.

그래서 '있음'이라는 문제는 철학의 오랜 주제가 된다. 도대체 있다고 말할 수 있는 기준은 어디에 어떻게 돼야 하는 걸까? '있음'은 어떤 종류의 특징까지 다 포함할 수 있는 걸까? 있는가, 없는가? 있음은 무엇인가? 있다면 그 특징은 무엇인가? 이처럼 '있음'과 관련한 문제를 다루는 것을 철학에서는 '존재론(ontology)'이라고 부른다. "자유가 있는가, 없는가?" "신이 있는가, 없는가?" "몸과 구분되는 것으로 마음이 있는가, 없는가?"와 같은 물음은 모두 존재론에 속한다.

'있음'에 대해 훌륭한 사고 과정을 거쳐 멋있는 답변을 내놓는다고 치자. 그러나 우리는 결국 다시 또 다른 문제를 맞닥뜨린다. 우리가 찾은 그 생각이 확실한 것인지 어떻게 알 수 있을까? 어떤 것이 틀렸고, 어떤 것이 옳은지 과연 우리는 어떻게 알 수 있을까? 더 쉽게 말해 누가 참을 말하고, 거짓을 말하는지 어떻게 구분할 수 있을까?

## 두 번째 문제,
## 인식론

지혜를 전하는 사람이 와도 그 사람의 진가를 알아보지 못해 박대하다가 파국을 맞이하는 공동체에 관한 신화나 전설은 세계 도처에 있다. 아무리 좋은 것이 있어도 우리가 그것을 알아볼 수 없다면 우리는 언제나 혼란스러움 속에서 살 것이다. 좋은 것을 손 안에 쥐고 있어도 그것이 좋은 것인지 몰라 다른 엉뚱한 것을 가지려고 온 힘을 다 쏟을 수도 있다. 소크라테스는 진짜 좋은 것과 진짜 좋은 것처럼 보이는 것을 구분하지 못하는 사람들은 눈을 뜨고도 꿈을 꾸는 것과 다름없다고 말한다.

그럼 도대체 무엇인가를 안다는 것은 어떤 의미일까? 이처럼 '앎(인식)'과 관련한 철학적 논의를 철학에서는 '인식론(epistemology)'이라 부른다.

"앎이란 무엇인가?" 이 질문을 조금 바꿔보자. 우리는 어떨 때 우리가 무엇인가를 알고 있다고 인정하는가? 『메논』에서 소크라테스는 앎에 대해 무엇인가에 대한 믿음(belief)이자, 거짓(false)이 아닌 참(truth)인 믿음이며, 또한 왜 그것이 참인지 충분히 설명할 수 있고, 그 설명이 적절한 것일 때,

곧 정당화(justification)되었을 때 비로소 안다고 말할 수 있다고 했다.[2]

철학의 근거 찾기와 근거짓기 활동이 이와 관련된다. 예를 들어 "나는 천재가 무슨 뜻인지 알아."라고 한다면 일단 그 사람은 천재가 무슨 뜻인지에 대한 생각(내용)을 머릿속에 갖고 있다는 뜻이다. 그러나 아직 그 생각은 검증되지 않은 상태이므로 단순한 믿음에 머문다. 단순한 믿음이란 '나는 천재가 ○○이란 의미인 것 같아.' 정도의 생각을 가지고 있다는 뜻이다. 뭔가를 알기 위해서는 최소한 그에 관해 '~인 것 같다.'라고 생각하는 내용을 생각하고 있어야 하며 이것이 바로 '믿음'이다. 그러나 아직 그 믿음이 정말인지 아닌지는 확인되지 않았다. 정말이라면 그 믿음은 거짓된 믿음이 아니라 말 그대로 진짜인 믿음, 참인 믿음이어야 한다.

그러나 어떤 생각의 내용이 거짓이 아니고 참이라는 이유만으로는 아직 안다고 하기에 부족하다. 누군가 천재가 어떤 의미인지 나름대로 답변을 내놓았다고 가정해보자. 누군가에게 들은 말을 반복할 뿐이거나, 기분에 따라 즉흥적으로 말하는 것이라면 그 믿음을 제대로 설명할 수 없을 것이다. 나아가 다른 순간에는 지금의 생각을 까먹고 천재에 대한 또 다른 생각을 제시할 수도 있다. 그런 생각을 갖고 있는 사람을 천재에 대한 앎, 다시 말해 '지식'을 갖고 있다고 인정할 수 있을까? 어떤 참인 믿음이 있어도 그 믿음이 왜 참인지를 제대로 설명할 수 없다면 그 사

---

2 이렇게 정리된 앎에 대한 논의는 소크라테스의 사상이라기보다 플라톤의 독자적인 것으로 평가된다. 플라톤이 소크라테스를 주인공으로 내세워 자신의 사상을 드러낸 것이다.

람은 아직 제대로 알고 있다고 하기 어렵다. 그 믿음은 아직 지식이 될 수 없는 의견 정도의 수준에 머무르는 것이다.[3]

이처럼 인식론은 오랫동안 생각의 내용을 뜻하는 믿음, 거짓이 아닌 참(오류가 아닌 정답), 참이 되게 만드는 근거와 검증으로서 정당화에 관한 문제를 다뤄왔다. 똑같이 '앎'을 주제로 철학적 사고를 한다고 해도 질문의 초점은 달라질 수 있다. 마치 우리가 똑같이 인간에 대해 생각해도 누군가는 인간이 살아 있는 동안 하는 행동에 초점을 맞추고, 누군가는 인간이 삶을 마무리할 때 하는 행동에 초점을 맞추는 것처럼 말이다. 서양 근세에 이르면 인식론을 탐구하는 철학의 포커스가 "도대체 우리 인간이 그 앎이란 것을 어떻게 얻을 수 있는가?"로 옮겨간다. 어떻게 앎을 얻을 수 있는지 알면, 그 기준에 따라 자신이 얻은 것이 정말 앎인지 아닌지를 확인해 확신할 수 있다고 생각했기 때문이다.

존 로크(John Locke), 토머스 홉스(Thomas Hobbes), 데이비드 흄(David Hume)과 같은 철학자들은 우리가 경험을 통해서 앎을 얻으며, 경험을 하기 전에는 사고 능력이 백지 상태와 같다고 주장한다. 경험을 수용하고 처리하며 해석하는 것은 물론 우리의 사고 능력이지만, 그 사고 능력이 작동하기 위해서는 경험을 가능하게 하는 감각기관과 그들의 힘이 먼저 필요하다는 뜻이다. 이러한 생각은 우리가 앎을 얻는 핵심 기반이 감각 경험이

---

3 플라톤은 의견과 지식을 구분하는데, 그 구분 단계와 각 단계의 특징은 『국가』에서 선분의 비유를 통해 드러난다.

라고 주장하는 것이기 때문에 '경험론(empiricism)'이라는 이름을 얻었다.[4] 경험 없이 알 수 있는 것은 하나도 없으며, 우리 앎의 원천은 경험이다.

현대인에게 이것은 매우 상식적인 이야기다. 그러나 데카르트를 비롯해 고트프리트 라이프니츠(Gottfried Leibniz), 바뤼흐 스피노자(Baruch Spinoza)와 같은 철학자들은 앎의 원천이 경험이라는 생각과 선을 긋는다. 이들은 보고 듣고 만지는 등의 감각 경험만으로는 우리가 세상을 제대로 알 수 없다고 주장한다. 감각 경험은 오히려 우리에게 많은 착각을 불러일으키며 저마다의 감각 경험이 모두 다르기 때문이다. 심지어 한 사람의 감각 경험도 그때그때 다르다. 이처럼 감각 경험은 매번 달라져서 무엇이 정확하고 기준이 되는 것인지 찾기 어렵지만, 감각을 비교하거나 검토하고 탐구하는 우리의 사고 능력은 변덕 없이 언제나 활동 중이다. 따라서 앎의 확고한 기준이 될 수 있는 것은 감각 경험이 아니라 사고 능력 혹은 사고의 활동성 그 자체라는 주장이다. 철학에서는 이러한 사고 능력 혹은 사고의 활동성을 '이성(reason)'이라 부른다. 이성을 중시하는 철학자들은 무엇인가를 알려고 할 때 중요한 것은 무엇을 경험하는지가 아니라, 그 경험을 어떻게 가려내고 판단하는지에 달려 있다고 보았다. 그러므로 경험을 처리하는 주도적인 힘인 이성이 우리 앎의 원천이라 생각했다.

이러한 생각을 가진 철학자들은 합리적이고 이성적 사고를 중시한

---

4 경험론이란 용어는 고대에 이런 생각을 먼저 주장한 철학자 섹스투스 엠피리쿠스(sextus Empricus)의 이름에서 유래했다.

다는 의미로 '레셔널리즘(rationalism)'이라는 이름을 얻는다. 이는 '합리론'으로 번역되는데 정확히는 이성중심주의에 더 가까울 것이다. 사실 경험론도 경험중심주의로 이해하는 게 더 적절하다. 양쪽 다 우리의 앎에 경험만 있으면 된다거나 이성만 있어도 된다고 주장하지 않기 때문이다.


## 세 번째 문제,
## 가치론


무엇이 있는지를 알고 나면 이제 다 끝나는 걸까? 아니, 이렇게 물어보자. 우리가 관심이 있는 것은 단지 그뿐인가? 인생에 관해서 생각해보자. 우리는 인생에 관해 "인생이란 무엇일까?" "인생에는 어떤 일이 있을까?" 등을 물어보고는 한다. 이때 인생에 대한 지식을 열거하거나 그 지식이 정말 그런 것인지 따져보며 검토해볼 수 있다. 그런데 우리는 왜 인생에 대해 생각하는 것일까? 단순히 궁금해서일 수도 있지만, 인생에 관한 물음은 대부분 '그래서 어떻게 인생을 살아가야 하지?' '나는 지금 잘 살고 있는 걸까?'라는 생각과 맞닿아 있다. 그리고 어떻게 살 것인지에 대한 생각은 어떻게 사는 것이 잘 사는 것인지, 어떻게 죽음을 맞이하면 인생을 잘 마무리하는 것인지에 대한 생각과 맞닿아 있다. 우리는 죽음이 무엇인지, 인생이 무엇인지, 마무리가 무엇인지에 대해 말할수 있다. 그러나 이들을 '잘하기' 바란다면 그때는 존재라는 차원과 앎이라는 차원에 다시 하나의 차원이 더 겹쳐지게 된다. 그것은 바로 '의미(meaning)'의 차원이다. 존재가 무엇인지 알았다고 치자. 그래서 그것이 나에게 어떤 의미가 있단 말인가?

의미의 차원은 가치에 관한 것이다. 내가 무엇을 의미 있다고 생각하는가? 인간에게는 어떤 것이 더 의미 있는가? 인간에게 의미 있는 선택이란 어떤 것인가? 다시 말해, 무엇이 우리에게 더 가치 있고 좋은가? 또 어떤 것은 상대적으로 그렇지 않은 것이며, 어떤 것은 우리를 해치고 갉아먹는 나쁜 것인가? 이런 방식으로 생각할 수 있는 여러 가지 물음과 그에 대한 논의들을 아주 크게 묶어 '가치론(theory of value)'이라 할 수 있다.

가치는 가격과 다르다. 가격은 상황이나 비교 대상에 따라 계속 상대적으로 바뀔 수 있고, 아주 다양한 특징이 모두 같은 가격 혹은 가격이라는 단어로 묶여 주목받지 못한다. 그 안에 얼마나 많은 사연과 수고가 담겨 있든 3천 원짜리 상품은 또 다른 3천 원짜리 상품과 같은 자리를 차지하고, 단지 '3천 원어치'로 취급된다. 그러나 가치는 '3천 원'이라는 가격과 무관하게 존재한다. 그래서 사람들은 같은 3천 원이라도 그 안에 담긴 사연과 수고를 고려해 공정무역상품을 사거나, 사회적 소외계층을 후원하는 메시지를 담은 물건을 사고는 한다.

칸트는 인간을 가격으로 말할 수 없으며 오직 가치로만 말할 수 있는 존재라고 생각했다. 인간은 수요와 공급에 따라 그 의미가 등락하지 않는다. 인간은 삶을 만들어나가는 존재로서 한 명 한 명이 그 자체로 의미를 갖기 때문이다. 한두 가지 관점에 따른 점수 매기기나 평가가 전부

일 수 없고, 그 사람을 전부 드러내거나 대신할 수 없다. 어떤 사람이 시험에서 95점을 얻었다고 해서 그 사람의 삶을 똑같이 95점을 받은 다른 사람의 삶으로 대체할 수 없다. 우리는 비교도, 대체도 통하지 않는 존재다. 그래서 칸트는 인간성을 단지 다른 목적을 달성하기 위한 도구만으로 취급할 수 없고, 목적에 따른 유용성의 평가라는 서열 매기기 속에 놓을 수 없다고 주장한다. 인간은 그 자체로 의미가 있고, 비교하거나 대체하는 것이 불가능한 절대적인 가치를 갖고 있다. 그리고 이것이 바로 인간의 존엄성이다.

그런데 정말로 그런 것일까? 물론 인간의 존엄성을 다른 식으로 생각할 수도 있다. 그러나 우리가 자신을, 혹은 다른 인간을 상품으로, 가격이라는 이름표로, 도구로만 평가한다면 과연 그런 세계에서 잘 살아갈 수 있을까? 무엇보다 그런 세계에서 살고 싶을까? 우리가 바라는 가치와 삶의 의미는 그 이상이기 때문에 우리의 생각은 더 깊어질 수밖에 없다.

인간은 가치 있는 존재인가? 무엇을 가치 있다고 생각하는가? 인간이 가치 있는 존재라면 어째서 가치 있는가? 우리가 살고 싶은 삶은 어떤 삶인가? 다양한 삶의 방식은 저마다 어떤 의미를 만들 수 있는가? 이처럼 의미 있고 가치 있는 삶과 행동, 그리하여 '좋은 삶'에 대해 묻고 탐구하는 활동, 의미나 가치 그 자체에 대해 묻고 탐구하는 활동을 통틀어 '가치론'이라 할 수 있다.

가치론의 대표적인 분야는 윤리학이다. 윤리학은 좋은 행동, 좋은 삶, 반대로 그렇지 않은 것에 대해 논한다. "인간은 어떤 삶을 추구해야 하는가?" "어떤 행동이 가치 있는 좋은 행동일까?" 윤리학은 이런 물음을 다룬다. 그러나 윤리학이 고리타분한 관습, 이를테면 전형적인 '착한 아이' 이야기를 답습하는 것은 아니다. 윤리학은 오히려 지금까지 믿고 강조해 왔던 '착한 아이'가 정말 그럴 만한 가치가 있는 것인지를 탐구하는 활동에 가깝다. '착한'이라는 가치가 얼마나 다양하게 구현될 수 있는지, 그 안에 '착한'과 비슷하지만 완전히 같지 않은 가치들이 섞여 있는지를 탐구하는 것도 윤리학의 몫이다. 생각해보자. 친절한 삶, 정의로운 삶, 행복한 삶, 의미 있는 삶, 뜻깊은 삶은 모두 같은 뜻인가? 같다면 왜 같은가? 다르다면 어떻게 다른가? 그렇게 구분하는 기준은 무엇인가?

재미있게도 다소 엄숙하게 느껴지는 윤리와 거리가 있어 보이는 말, 그러니까 아름다움 역시 가치론의 영역에 속한다. 힘들게 오른 높은 산의 정상에서 바라보는 풍경, 사랑하는 이의 잠든 얼굴, 충격적인 진실을 마주보게 하는 작품, 마음을 아프게 찌르는 연설의 감동, 오래전 사진을 보며 떠올리는 오묘한 마음, 자연의 빛깔이나 인공적으로 만든 빛깔에서 느껴지는 흡족한 마음 등 사람들은 다양한 경우에 "아름답다."고 말한다. 그런데 우리가 이 말을 사용하는 경우를 살펴보면 아름다움은 어떤 특징을 갖고 있는 '존재'로 보기 어렵다(어떤 특징을 가진 존재와 밀접한 연관이 있을 수는 있다). "아름답다."라는 것은 무언가를 '아는 것'과도 별개의 일로 보인다. 무엇인가를 잘 몰라도 아름답다고 느낄 수 있으니까. 아름다움은 단지 존재나 앎의 영역에만 속할 수 없는 주제다.

그나마 우리 모두가 아름다움을 느낀다는 공통적인 특성은 있다. 이를

테면 내가 좋게 느끼는 것은 아름답고, 불쾌하게 느끼는 것은 추하다고 할 수 있다. 우리는 과연 아름다움을 어떤 의미로 받아들이는 걸까? 아름다움은 주관적으로만 부여하는 가치일까, 모두가 함께 느낄 수 있는 객관적인 가치일까?

## 철학의 주된 문제와
## 상호관계

지금까지의 이야기에서 이미 눈치챈 사람도 있겠지만 사실 철학의 주된 문제 세 가지는 서로 완전히 구분되거나 분리될 수 없다. 방금 이야기했던 '아름다움'에 관한 탐구를 생각해보자. 아름다움이란 무엇인가? 아름다움이라는 것이 정말 있는가? 어떤 방식으로, 어떤 특징을 가지고 있는가? 이것은 존재론의 문제에 속한다고 할 수 있다. 그런데 우리가 아름다움의 특징이나 존재 방식에 대해 어떤 답을 찾는다고 해도, 그 답이 틀리지 않고 맞는 답이라는 것을 어떻게 알 수 있을까? 아름다움이 A라는 특징을 갖는다면 그 앎은 참인가? 그 근거는 무엇이고, 어떻게 정당화되는가? 우리가 믿을 만한 것이라고 어떻게 확인할 수 있는가? 아름다움을 생각하려면 아름다움에 대해 알려주는 앎이 될 만한 최소한의 '믿음(인식론에서 말한 그 믿음)'은 갖고 있어야 하지 않을까?

윤리에 대해서는 말할 것도 없다. 무엇이 가치 있는 삶이고 의미 있는

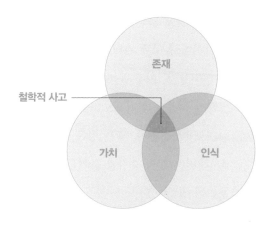

철학적 사고

존재

가치      인식

행동인지 말하기 위해서는 가치와 의미가 무엇인지를 제대로 알아야 한다. 이처럼 철학적 사고에서 존재·인식·가치는 서로 완전히 떼어낼 수 없이 엮여 있는 관계다. 하나를 말하려면 다른 하나를 생각하지 않을 수 없다. 그것은 아마 우리의 삶과 생각이 이 세 가지 측면을 모두 갖고 있기 때문일 것이다. 우리는 살아 '있고' 동시에 죽어가고 '있으며' 이 과정을 '잘' 겪기 위해, 아니 잘 겪고 싶어서 나와 너, 세상을 '알기' 원한다.

## 철학의
## 전통적인 문제

철학이라는 학문이 오랫동안 다뤄온 문제는 더욱 세분화될 수 있다. 철학의 전통적인 문제는 단지 오래되었을 뿐만 아니라, 시간이 지나도 많은 사람들이 생각할 수밖에 없는 주제가 무엇인지를 보여준다. 여기서 소개하는 주제 중 자신이 흥미를 가질 만한 것을 골라 그에 대한 철학적 찬반 입장을 찾아 읽어보자. 이후 문제를 분석하고 근거를 제시하는 방식을 살펴보며 그들의 논증을 평가해보자. 이를 통해 철학적 사고 훈련을 할 수 있다. 반대로 어느 한쪽, 혹은 양쪽을 절충하거나 변형하는 입장에서 논증을 제시하며 자신의 주장과 근거를 쌓고 전개하는 것 또한 좋은 철학적 사고 훈련이 될 것이다.

철학이 오랫동안 다뤄온 문제를 어떤 식으로 묶을지 논하는 것도 철학의 업무 중 하나다. 여기서는 나이절 워버턴(Nigel Warburton)[5]과 브렌던 윌슨(Brendan Wilson)[6]의 분류를 참고해 주요 문제를 재분류했다. 한편 스티븐 로(Stephen Law)의 『철학학교』에서 철학의 전통적 문제에 대한 서로 다른 논증을 예리하고도 재미있는 서술과 함께 만날 수 있다. 이외에도 철학의 전통적 문제에 대한 다양한 분류 방식이 있으니 참고하기 바란다. 『철학이란 무엇인가』 등 다양한 번역본이 나온 버트런드 러셀의 책은 철학의 고전이면서 초심자에게 철학의 문제와 그 의미를 생각하게 한다.

1. 초월적 존재에 관하여: 신은 있는가? 신의 특성은 무엇인가? 신이 있다면 악은 어째서 존재하는가? 악이란 무엇인가?

---

5 『철학의 근본문제에 관한 10가지 성찰』(자작나무, 2016)
6 『심플리 필로소피』(한울, 2007)

2. **자유에 관하여**: 자유란 무엇인가? 우리는 자유로운가? 그 의미는 무엇인가?

3. **옳고 그름에 관하여**: 무엇이 옳은가? 왜 옳은가? 옳다고 말할 때의 의미는 무엇인가? 옳고 그름은 절대적인가 상대적인가?

4. **사회 공동체의 구성과 갈등에 관하여**: 다수가 하나의 공동체를 이룰 때 중요한 가치는 무엇인가? 자유가 중요한가, 평등이 중요한가? 사회 공동체 내에서 지향해야 하는 자유와 평등은 무엇이며, 어떻게 얻어지고, 어떻게 실천될 수 있는가?

5. **앎에 관하여**: 앎이란 무엇인가? 무엇이 확실한가? 우리가 알 수 있는가? 무엇을 어디까지 믿을 수 있는가?

6. **몸과 마음에 관하여**: 몸과 마음은 다른 것인가, 같은 것인가? 마음(정신)이란 무엇인가? 마음을 어떻게 확인할 수 있는가?

7. **언어에 관하여**: 말의 의미는 무엇인가? 말이 먼저인가, 말과 연관된 대상이 먼저인가? 우리는 소통할 수 있는가? 어떻게 가능한가?

8. **철학에 대하여**: 철학이란 무엇인가? 어떻게 해야 하는가?

9. **과학의 관점과 방법에 관하여**: 과학적이라는 것은 무엇인가? 과학은 객관적인가? 과학적 방법이란 무엇인가? 과학은 어떻게 진보하는가? 이론이 먼저인가, 사건이 먼저인가? 과학적 방법의 한계가 있는가? 한계가 있다면 무엇인가?

10. **예술에 관하여**: 예술은 무엇인가? 예술이 규정될 수 있는가? 예술의 가치는 무엇인가? 예술 비평은 무엇이고 어떻게 가능한가?

철학적으로 다뤄지는 많은 질문은 사람의 생각을 끊임없이 자극한다. 새로운 논증이 계속해서 등장할 수 있고, 기존의 주장에 더 나은 근거가 덧붙여질 수도 있다. 과연 어떤 것이 진실인지, 어떤 것이 가장 적절한지, 어떤 것이 지금까지의 난제를 피해갈 수 있는지, 더욱 다양한 생각과 더 나은 생각을 향한 탐구는 계속된다.

그러나 철학의 자유롭고 용감한 모험과 탐구가 항상 계속된다는 말이 우리가 철학에서 어떤 답도 찾지 못하고, 어떤 판단도 내리지 못한 채 헤매야 한다는 말과 같은 의미는 아니다. 우리는 질문을 분석하고 분명한 것으로 만듦으로써 질문의 맥락과 올바른 관점을 찾을 수 있다. 근거와 그 정당성을 검토함으로써 다양한 논증 중 어떤 것이 더 타당하고 설득력 있는 것인지를 가려낼 수도 있다.

소크라테스와 마찬가지로 무지하다고 해서 우리가 아무것도 모르는 상태라는 뜻은 아니다. 아무것도 알 수 없다는 것은 더더욱 아니다. 또한 무지하다고 해서 각자의 무지함이 전부 똑같은 것도 아니다. 우리는 앎을 향해 단계적으로 나아갈 수 있다. 마치 의미 있는 삶이 하루아침에 이뤄지지 않고 매일 조금씩의 의미와 함께 생겨나듯이.

# 너 자신을 알라

**소크라테스에게 가장 중요한 문제**

소크라테스에게 가장 중요한 문제는 무엇이었을까? 소크라테스는 그의 철학 활동이 아테네의 청년들에게 악영향을 준다고 기소된 재판에서, 자신에게 생명과 힘이 남아 있는 한 결코 철학을 실천하는 일을 그만두지 않겠다고 말했다. 소크라테스에게 철학은 자신의 영혼과 대화하는 일이며 자신의 영혼을 알고 돌보는 삶의 실천이었다.

"너 자신을 알라."라는 말은 소크라테스의 어록으로 유명하다. 그러나 소크라테스는 이 말을 한 적이 없다. 이 말은 소크라테스보다 현명한 사람은 없다고 선포한 델포이 신전의 현판에 쓰여 있는 말이다. "너 자신을 알라."라는 말을 들으면 제일 먼저 무엇이 떠오르는가? 어쩐지 뜨끔한 기분이 든다. 이 세상에서 나의 소소한 것까지 가장 잘 알고 있는 사람은 아마도 나일 텐데, 그런 나에게 너 자신을 알라고 명령하다니. 내가 지금까지 나 자신을 잘 모르고 있었으니 정신 차리라는 경고 같은 것일까?

## 너 자신을 알라,
## 그 진짜 의미

　　"너 자신을 알라."라는 말은 전통적으로 인간의 오만에 대한 경고로 해석되었다. 괜히 신전 현판에 쓰여 있는 것이 아니다. 전지전능한 신의 자리를 넘보는 인간에 대한 경고이자 인간이 인간이기에 갖는 한계에 대한 가르침인 셈이다. 인간은 신이 아니다. 인간은 모든 것을, 일의 전부를 다 알 수 없으며, 원하고 행한다고 해서 자신이 바라는 대로 다 이뤄낼 수 없다. 무엇인가를 이룬 것 같아도 온전히 그 자신의 능력에 의한 것은 아니다. 인간은 무엇보다 시간의 흐름에 따라 점차 소멸해가는 존재다. 인간은 영원히 살 수 없고, 그러므로 영원히 소유할 수도 없다.

　　그러나 소크라테스는 "너 자신을 알라."라는 말을 엄중한 경고 대신 자신의 영혼을 살피고 돌보라는 말로 해석했다. '너 자신을 알라고 말하는 것은 자신의 영혼을 알라고 말하는 것'이다.[8] 소크라테스에게 영혼이란 자기 자신을 부르는 또 다른 이름이다. 그렇다면 저 격언은 같은 말의 반복일 뿐이다. 재미있는 점은 소크라테스 이전에는 우리 자신에 대해 생각하는 일이 내 영혼에 대해 생각하는 것과 같다고 말한 철학자가 없었다는 사실이다. 곧 소크라테스 이전에 네 자신을 알라는 말은 네 영혼을 알라는 말과 같은 의미로 여겨지지 않았다. 여기에 이전 철학자와 소크라테스의 차이가 있으며, 소크라테스가 중요하게 다룬 물음의 의미가 숨어 있다.

## 소크라테스 이전의 철학:
## 물·불·흙·바람? 자연철학

소크라테스를 법정에 출두하게 만든 고발장을 보자.[11]

소크라테스는 죄를 지었으며 주제넘은 짓을 했다. 그는 하늘 위의 일을 사색하고, 땅속의 모든 일을 규명하고, 보잘것없는 주장을 강력한 주장으로 만들었으며, 또한 이러한 것들을 남들에게 가르치고 있다.

물론 소크라테스를 고발한 이유는 이뿐만이 아니다. 그러나 여기서는 일단 저 이유에 집중해서 고발자의 이야기를 논증으로 만들어보자.

주장이자 견론 소크라테스는 주제넘은 짓을 하는 죄인이다.

근거이자 전제 1 소크라테스는 땅 밑과 하늘에 있는 것을 탐구한다.
근거이자 전제 2 소크라테스는 약한 주장을 더 강한 주장으로 만들며,
이 기술을 다른 사람에게 가르친다.

이 논증은 과연 타당한가? 소크라테스는 저 근거가 모두 자신에 대한 오해와 비방에 따라 만들어진 것이며 오해가 굳어진 편견이 문제라고 주장했다. 곧 저 근거들은 모두 거짓이며, 사실이 아니다. 그런데 만일 사실일 경우 근거 2 때문에 시비를 거는 사람이 있을 수 있다는 것은 이해가 된다. 하지만 근거 1은 어떠한가? 이것이 사실이어도 특별히 고발당할 만한 일일까?

여기에는 당시 아테네 시민이 갖는 철학자들에 대한 오해와 진실이 들어 있다. 전제 2는 앞에서도 이야기한 소피스트에 대한 아테네 시민의 생각이자 사실이다. 그리고 전제 1은 소위 자연철학에 대한 아테네 시민의 생각이라 할 수 있다. 아테네 시민이 싫어하는 자연철학은 소피스트들의 자연철학에 더 가깝다. 그러나 자연철학은 소피스트와 소크라테스 이전부터 존재했다. 과연 '땅 밑과 하늘에 있는 것을 탐구'하는 자연철학이 무엇이길래, 전제 1이 소크라테스가 아주 큰 죄를 지었다는 주장을 뒷받침하는 데 쓰였을까?

자연철학자는 인간보다는 우주, 우리의 세계에 더 큰 관심을 가졌다. 도대체 이 우주는 어떻게 만들어져서 어떻게 운영되고 있는 것인가? 이 우주를 구성하는 핵심 요소는 무엇인가? 다시 말해, 우주를 구성하는 가

장 기본적인 단위는 무엇인가? 오늘날로 치면 자연과학에 속할 것 같은 주제를 탐구했다. "만물의 근원은 물이다."라는 주장으로 잘 알려진 탈레스(Thales)가 여기에 속한다. 아낙시메네스(Anaximenes)는 그 답을 공기에서 찾는다. 자연철학자로는 탈레스, 아낙시메네스 등 밀레토스(이들의 활동 지역 이름)학파, 그리고 파르메니데스(Parmenides), 헤라클레이토스(Heracleitos), 엠페도클레스(Empedocles), 데모크리토스(Democritos) 등의 소위 원자론자 등이 있다. 이 우주에는 단 하나의 존재만 있다거나(파르메니데스), 만물의 근원이 불(헤라클레이토스)이라는 등 재미있는 관점도 등장한다. 사실 이들의 주장은 오늘날 생각하는 물질(물·불·공기)에서 비롯된 개념이 아니다. 그러한 결론이 도출된 과정은 훨씬 더 심오하고 재미있다. 그러나 이 책에서는 그러한 사고의 특징적 경향만을 간략히 살피겠다.

이들의 주장은 지금 보기에 아주 낮은 단계의 과학적 사고 혹은 현대 과학의 짧은 예고편으로 보이지만, 결론이 도출되기까지의 사고방식은 이 같은 첫인상보다 정교하다. 이들은 변화무쌍한 세계를 헤아릴 길 없는 섭리나 신의 변덕에 의한 것으로 보지 않았다. 세계는 인간이 미처 헤아리지 못하는 신에 의해 비가 내리고 바람이 부는 미지의 공간이 아니라, 오히려 냉철하고 적극적인 탐구의 대상이었다. 따라서 그들은 눈앞에 보이는 것에 붙들리지 않았고, 그들의 공통점을 뽑아내는 데 초점을 맞추는 추상적 사고를 통해 이 세계가 어째서 지금과 같은지, 가장 기초적 단위와 운동을 함께 설명할 수 있는 보편적인 원리를 찾고 근거를 제시하려 했다.

이러한 사고방식을 가진 사람이 신을 믿으며 모실 수는 없었을 것이다. 따라서 아테네 시민에게 자연철학은 그리스의 신에 불경하거나 아예 신을 믿지 않는 무신론자라는 이미지였다. 이것이 소크라테스가 '땅 밑과 하늘에 있는 것'을 탐구하기 때문에 아테네 공동체에 파란을 일으키는 문제적 인물이라는 주장으로 이어진 연유다.

우리가 살아가고 있는 터전이자 조건인 만큼 자연 세계, 우주에 관한 적극적이고 철저한 탐구가 요구되는 것은 자연스러운 일이다. 그만큼 사람들 사이의 갈등이나 충돌에 관한 생각도 자연스러웠다. 그러나 당시에는 아직 인간의 조건, 행동, 삶에 대한 적극적이고 철저한 탐구, 추상적이고 보편적이며 근거를 찾고 검토하는 철학적 사유는 실행되지 않았다.[1] 그러니 "너 자신을 알라."라는 말도 그리 중요한 문젯거리가 아니었다.


## 자연에서 인간으로:
## 소피스트와 소크라테스

소크라테스와 플라톤은 소피스트가 참된 철학자가 아니라고 생각했다. 철학자(philosopher)는 말 그대로 철학(philosophy), 곧 '지혜(sophia)를 사랑(philos)'하는 사람이다. 그러나 소피스트는 그렇지 않다는 것이다. 소피스트가 '진짜' 철학자인지 아닌지에 대한 우리의 평가는 뒤로 하고, 소크라테스와 플라톤이 말하는 철학자와 소피스트의 차이점과 공통점을 살펴보자.

앞서 '철학 초보자가 빠지기 쉬운 함정'에 등장하는 고르기아스가 기억나는가? 소피스트는 거의 모든 것을 가르쳤지만, 특히 따로 보수를 받고 대중을 설득할 수 있는 수사술을 직업적으로 가르치던 이들이다. 그러나 소크라테스는 달랐다. 그는 돈을 받지도 않았고 자신을 일방적으로 가르치는 입장에 둔 적도 없었다. 결정적으로 소크라테스에게 타인을 설득시키는 기술은 중요한 문제가 아니었다.

그러나 양측의 공통점도 있다. 이전 시대의 자연철학자와 달리 소크라테스와 소피스트는 탐구의 중심에 인간과 인간의 삶을 두었다. W. K. C. 거스리(W. K. C. Guthrie)는 탐구의 중심이 인간의 삶으로 전환된 이유로 두 가지를 꼽았다.¹ 첫 번째는 자연철학 내부의 문제다. 자연철학자들은 저마다 다양한 견해를 제시했으나 그중 어떤 것도 사람들을 충분히 납득시키지 않았다. 두 번째는 당시 아테네의 상황이라는 시대적이고 사회적인 조건이다. 아테네는 다양한 지역의 사람들이 모여 살고 있는 도시국가로, 시민이 직접 관여하는 직접민주주의를 시행하고 있었다. 사람들은 자연스럽게 서로 다른 의견 중 어떤 것이 더 나은지, 정치적인 역량을 발휘하기 위해서는 무엇이 필요한지 등 인간의 앎과 행동 등 인간적인 것에 더욱 관심을 갖게 되었다. 이로 인해 탐구의 중심은 자연에서 인간의 삶으로 전환되었다. 이처럼 소크라테스와 소피스트는 모두 인간의 삶을 탐구의 주제로 삼았지만 같은 주제를 대하는 목적과 태도에서 극명한 차이를 보인다.

# 누가 진짜
# 철학자인가?

　　직업적 전문 교사로서 소피스트를 하나의 학파로 묶기는 어렵지만 공통된 경향은 찾을 수 있다. 첫 번째, 그들은 '지혜'를 실제로 어떤 일을 할 수 있게 만드는 능력으로 이해했고, 기술의 연마에 의해 그 능력을 획득하고 소유할 수 있다고 생각했다. 소피스트는 그런 기술을 소유하고 있는 사람이며, 그래서 보수를 받고 상대방에게 기술을 습득시켜줄 수 있다고 여겼다. 그러나 과연 지혜가 소유 가능한 힘일까? 만일 지혜를 사랑하는 활동이 철학이라면 사랑은 곧 획득하고 소유하는 일인가?

　두 번째, 소피스트는 공통적으로 회의주의적인 태도를 취한다. 이들은 신과 종교에 대해 의심했다. 그래서 소크라테스는 아테네가 믿는 신을 믿지 않는다는 자신의 고발 사유에 관해 당대의 유명한 소피스트와 자신을 혼동한 것이 아니냐고 반문했다. 무엇보다 모두에게 공통된 절대적 지식에 대해 회의적이었다. 지식에 대한 회의는 크게 두 가지로 나뉘는데, 하나는 지식이라고 부를 만한 내용은 각자 어떻게 생각하는지에 따라 다르고 그러므로 공통된 지식이란 없다는 '상대주의적 회의론'이다. 예를 들면 내가 정의라고 생각하는 것과 남이 정의라고 생각하는 것이 다를 수 있다. 모든 사람이 모두 다르게 생각할 수 있으며 그중 어느 하나가 가장 확실하다는 보장은 없다는 것이다. 다른 하나는 모두에게 공통된 보편적이고 절대적인 지식이 있다고 해도 인간은 그 지식을 결코 알 수도 없고, 전달할 수도 없다는 '불가지론'이다. 이러한 회의주의적 태도가 진실이 무엇이든 상관없이 타인을 설득해서 자신이 주장한 바를 진실이라고 믿게 만드는 소피스트적 수사술로 이어졌다. 이들의 생각대로라면 참과 거짓은 상대적이기 때문에 그 이야기의 참됨을 가리는 일보다, 논쟁에서 이겨 나의 주장대로 일이 진행될 수 있게 만드는 힘이 더 중요해진다. 그러므로 소피스트에게 "너 자신(영혼)을 알라."라는 말은 중요한 문제가 될 수 없었다.

소크라테스는 소피스트적 사고가 지적으로 반박될 수 있는 허점이 있는 생각이고, 사람들이 자신과 삶을 돌보는 데 해롭다고 주장했다. 소피스트와 달리 소크라테스는 모든 인간에게 공통적인, 보편적인 지식이 있으며 이에 따르는 것이 가치 있는 삶이라고 생각했다. 만일 지혜가 소피스트가 주장하는 대로 어떤 일을 해낼 수 있는 능력, 유능함이라면 우리에게는 그 유능함을 판별할 수 있는 기준이 필요할 것이다. 또한 서로 다른 유능함이 어떤 관계인지(예를 들면 그중 어떤 유능함이 더 유능한 것인지)를 판별할 기준 또한 필요해진다. 그러므로 소크라테스가 생각한 지혜는 단순한 유능함이 아니었으며, 조건이나 상황에 따라 달라지는 상대적인 것도 아닌 절대적인 것이었다.

소크라테스에게 지혜는 감히 손안에 넣고 소유하며 휘두를 수 있는 것이 아니라, 스스로의 무지를 겸허히 인정하고 자신을 계속 열어둔 채 꾸준하고 부단하게 추구해야 하는 것이었다. 그러므로 소크라테스에게 지혜를 아는 일과 지혜를 향한 실천이 따로 있을 수 없었고, 지혜는 오직

'지행합일(知行合一)'로만 말할 수 있었다. 그리고 이것은 지혜를 향한 '사랑'이 무엇인지를 알려준다. 계속 추구하려 하고 계속 노력하고 부족함을 알고 변화해가는 것, 결코 소유할 수 없음을 아는 것, 아는 것과 행함이 따로 있지 않은 것, 이것이 바로 사랑이다.


## 소크라테스에게 중요한 문제:
## 영혼에게 좋은 삶

소크라테스에게 "너 자신(영혼)을 알라."라는 말은 우리가 자기 자신을 잘 모르고 있다는 단순한 경고가 아니었다. 이 말은 우리 자신이 보편적이고 절대적인 지혜를 향해 꾸준히 나아가고 있는지를 살피고, 그렇게 살아갈 수 있도록 스스로를 돌보라는 요청이었다. 나는 어디에 있는가? 나는 누구인가? 내 삶은 무엇을 향하고 있는가? 향하는 대로 살고 있는가? 그리고 무엇보다 그 삶의 향함은 향할 만한 가치가 있는가? 현재 나의 삶을 채우고 이끌며 나누게 하는 가장 중요한 기준은 무엇이고, 그것은 전혀 문제가 없는가? 그것이 계속해서 당연한 것처럼 내 삶의 중요한 잣대가 되어도 괜찮은가?

우리는 나 자신이 지혜를 향한 삶을 살도록 잘 살피고 돌보고 있는가? 아니면 그저 엉뚱한 곳에서 헤매며 자신을 채찍질하고 있는 것은 아닌가?

소크라테스는 우리가 자신다운 삶을 살기 위해서는 자기 자신과 타인, 그리고 사회에 어떤 태도를 갖고 어떤 실천을 할 것인지 알아야 한다고 생각했다. 그래서 똑같이 인간의 삶에 관심을 가졌어도 소피스트와 소크라테스가 추구한 주요 문제와 문제를 논하는 이유는 매우 다르다. 소크라테스는 부단히 '인간에게 가치 있는 삶이 무엇인가?'를 문제 삼았다. 20세기 프랑스의 철학자 미셸 푸코(Michel Foucault)는 이러한 자기 돌봄의 관심과 태도야말로 철학의 정수인 '삶의 기술'이라고 평가했다. "너 자신을 알라."라는 말, 곧 네 자신의 영혼을 들여다보라는 말은 우리 자신의 삶에 대한 지속적인 주의와 돌봄의 요청인 것이다.

- 자신이 무엇을 어떤 식으로 생각하고 싶은지 발견하기 어려울 때, 그때가 바로 다른 관점, 다른 사람이 필요한 때다. 다른 사람과 솔직히 터놓고 말하고 경청하며 서로를 돕는 대화는 나의 생각을 트이게 한다.

- 철학사에서 반복해서 다뤄지는 주된 물음은 존재론, 인식론, 가치론 크게 세 가지다. 철학적 사고에서 존재·인식·가치는 서로 완전히 떼어낼 수 없이 엮여 있는 관계다.

- "너 자신을 알라."라는 말은 전통적으로 인간의 오만에 대한 경고로 해석되었다. 그러나 소크라테스는 엄중한 경고 대신 자신의 영혼을 살피고 돌보라는 말로 해석했다.

- 소크라테스는 소피스트적 사고가 지적으로 반박될 수 있는 허점이 있는 생각이고, 사람들이 자신과 삶을 돌보는 데 해롭다고 주장했다.소피스트와 달리 소크라테스는 모든 인간에게 공통적인, 보편적인 지식이 있으며 이에 따르는 것이 가치 있는 삶이라고 생각했다.

- 소크라테스에게 지혜를 아는 일과 지혜를 향한 실천이 따로 있을 수 없었고, 지혜는 오직 '지행합일'로만 말할 수 있었다. 또한 그에게 "너 자신을 알라."라는 말은 우리 자신의 삶에 대한 지속적인 주의와 돌봄의 요청이었다.

✦

a (191쪽). 자신에게 중요한 문제를 자신이 직접 겪은 경험에서 시작해 뽑아내고 이야기하는 방식은 소크라테스식 상담법에서 빌려왔다. 소크라테스식 상담법은 소크라테스의 대화술을 응용한 것이다. 참석자가 특정한 틀이나 정답, 지시를 내려줄 권위를 정해두지 않고 자신의 경험에서 시작해 다른 참석자와 자유롭게 이야기를 나누면서 자신의 문제가 정확히 무엇인지 찾아가도록 돕는 집단 상담의 한 방식이다. 20세기 초 독일의 철학자 레오나르트 넬존(Leonard Nelson)에 의해 개발되었다. 여기서 전문가는 대화를 주도하지 않고 참석자들이 대화를 할 수 있도록 촉진하는 역할을 맡을 뿐이다. '소크라테스 상담' '철학 상담' 등의 키워드로 관련 문헌을 찾을 수 있다. 그러나 심리학, 임상 상담, 철학은 각기 다른 전문성을 가지고 있으니 단어만 '철학' '심리' '상담'을 빌려오는 책과 전문적인 책을 혼동하지 않도록 신중하게 선별하는 편이 좋다. 가능한 검증된 전문가가 쓴 책이나 설명으로 접하기 바란다. 저자는 이 주제와 관련해 다음의 문헌을 읽었다. 박병기의 저서 『철학실천』, 김선희의 저서 『철학상담』, 노성숙의 저서 『철학상담으로 가는 길』, 김석수·노성숙·장영란의 저서 『왜 철학상담인가?』, 피터 B. 라베(Peter B. Raabe)의 저서 『철학상담의 이론과 실제』, 루 매리노프(Lou Marinoff)의 저서 『철학 상담소』 등이다.

b (199쪽). 참석자 D의 이야기는 17세기 프랑스 철학자 르네 데카르트의 철학을 모델로 삼았다.

c (204쪽). 소크라테스의 말은 플라톤의 저서 『파이돈』에서 영혼이 무엇인지를 논하는 내용을 반영했다.

d (205쪽). 참석자 K의 견해 중 일부는 데카르트의 철학을 반영한 것이다.

e (209쪽). 군나르 시르베크의 저서 『서양철학사』 8~9쪽의 내용을 참고했다.

f (221쪽). 이 같은 생각이 플라톤의 '이데아(idea)'론이다. 플라톤은 우리가 사는 이 세상에는 '잠시 있으며 지금도 사라지는 중인 것'만 있고, 그들이 잠시 빌려온 '있음'의 특징은 평범하게 우리 세상을 파악하는 능력(감각적 능력)으로는 도저히 파악할 수 없는 것이라고 한다. 우리 세상을 파악하는 일반적인 방법인 감각 능력으로 파악이 안 되지만 영향력을 발휘하는 것이 있을까? 굳이 이 세상에서 그것을 찾자면 그것이 바로 생각하는 힘, 지성(intelligence)이다. 사고 활동은 시각이나 청각, 촉각과 같은 것으로 증명할 수 없지만 이것이 영향력을 발휘하고 있는 것만은 확실하다. 그러나 우리가 가진 이성 능력 또한 잠시 가지고 있는 것이기 때문에 언젠가는 사라질 것이다. 그러나 이로부터 우리가 기대고 있고, 잠시 빌려온 그 '있음'이라는 힘에 대한 힌트를 얻을 수는 있다. 그것은 감각으로는 결코 닿을 수 없고 오직 비감각적 힘인 지성적 능력으로만 파악할 수 있으며 잠시 있다 사라지는 것, 그렇게 소멸을 향해 변화하는 것이 아니다. 그러므로 그것은 영원히 있는 것이며 변화가 없는 것이다. 플라톤은 이를 육체의 눈으로는 볼 수 없고 오직 지성으로만 볼 수 있다는 의미를 담아 '이데아'라고 부른다(고대 그리스어로 '보다'를 의미하는 '이데인(idein)'이라는 말에서 착안했다). 이 역시 플라톤은 저서를 통해

소크라테스의 입을 빌려 말한다. 하지만 일반적으로 이데아론은 소크라테스의 사유에서 영향을 받기는 했지만 플라톤이 독자적으로 주장한 것으로 평가된다. 플라톤의 이데아론은 『국가』에서 뚜렷하게 드러난다.

g (236쪽). 플라톤의 저서 『알키비아데스』를 참고했다.

h (237쪽). 플라톤의 저서 『소크라테스의 변론』 19b~19c의 내용을 참고했다.

i (240쪽). '피타고라스의 정리'로 유명한 피타고라스(Pythagoras)는 인간의 영혼과 삶에 관한 이야기를 했다. 플라톤의 사유에서 피타고라스의 흔적도 찾을 수 있다. 그러나 피타고라스의 생각은 아직 인간에 대한 철학으로 정교화되지 않았고, 그의 인간에 대한 관심은 좀 더 신비적이고 종교적인 것이었다. W. K. C. 거스리의 저서 『희랍 철학 입문』, 컨퍼드(Cornford)의 저서 『소크라테스 이전과 이후』를 참고하기 바란다. 저자의 주관적 관점이 강하기는 하지만 버트런드 러셀의 『서양철학사』도 당시의 철학과 시대 배경을 이해하는 데 도움을 줄 것이다. 취미처럼 읽어볼 만한 책은 상대적으로 덜 딱딱하게 쓴 러셀의 책이다.

j (241쪽). W. K. C. 거스리의 저서 『희랍 철학 입문』을 참고했다.

"떠날 때가 되었으니, 이제 각자의 길을 가자.
나는 죽기 위해서, 당신들은 살기 위해서.
어느 편이 더 좋은지는 오직 신만이 알 뿐이다."

_소크라테스

6장

# 철학은 생각만이 아니다:
# 그가 독배를 마신 이유

# 법정에 선 소크라테스

## 소크라테스, 고발당하다

**철학도 트라이**  (급하게 뛰어오며) 아가톤님! 들으셨어요? 소크라테스 선생님이

고발당하셨대요. 그래서 안 보이셨던 거예요. 도대체 왜 소크라테스 선생님

같은 분이 고발당하신 거죠? 이제 어떻게 해야 하나요?

**아가톤**  (침묵한다.)

**철학도 트라이**  아가톤님은 알고 계셨군요.

**아가톤**  그렇습니다. 사실 소크라테스 선생님은 예전부터 몇몇 사람들

에게 눈엣가시 같은 존재였어요.

**철학도 트라이**  아무리 그래도! 소크라테스 선생님은 아무런 죄가 없으시잖아

요. 자기 사리사욕을 채우신 적도 없고, 틀린 말을 하신 적도 없는데.

**아가톤** 　명목이야 어떻든 일단 고발을 하기만 하면 재판은 진행됩니다. 소크라테스 선생님을 싫어하는 사람들도 배심원으로 참여할 테니 상황이 좋지 않네요.

**철학도 트라이** 　소크라테스 선생님이 직접 변호를 하시겠지요?

**아가톤** 　네, 우리 아테네 시민에게는 자신을 고발한 사람에게 질문하며 반박할 수 있는 권리가 있거든요.

**철학도 트라이** 　그렇다면 아직 희망이 있네요. 소크라테스 선생님처럼 훌륭한 분은 아직까지 본 적이 없거든요. 그렇게나 현명하신 분이니까 누구보다 훌륭한 변론으로 자신이 무죄라는 것을 모든 아테네 시민에게 납득시키실 거예요. 그렇죠?

**아가톤** 　(깊은 한숨) 글쎄요. 과연 그럴까요? 트라이님은 아직 우리 선생님을 잘 모르시는 것 같아요. 저는 정말 걱정입니다. 선생님은 선생님을 위해 아테네의 수사술 전문가가 써준 원고를 거부하셨어요. 그 원고대로 변론한다면 배심원들의 마음을 완전히 사로잡을 수 있을 겁니다. 저도 읽어봤거든요. 하지만 선생님께서는 사람들의 입맛에 맞는 말을 하시는 분이 아닙니다. 진실을 가장 중요하게 생각하시니까요. 그래서 더 걱정입니다. 사람들이 항상 진실의 손을 들어주지는 않으니까요.

**철학도 트라이** 　(수강 신청을 할 때 읽은 소크라테스의 죽음에 관한 정보가 떠오른다.) 설마 선생님께 안 좋은 일이 생기는 것은 아니겠죠?

# 법정에 선
# 철학자

소크라테스의 재판과 죽음에 이르기까지의 과정은 플라톤과 크세노폰이 각각 남긴 『소크라테스의 변론』두 권과 플라톤의 『크리톤』에 잘 나타나 있다. 그러나 『크리톤』은 소크라테스가 자신의 죽음을 심정적으로 받아들이지 못하는 친구 크리톤(Kriton) [1] 을 달래기 위해 그의 눈높이와 가치관에 맞춰 말을 하므로, 자칫 잘못 읽으면 소크라테스의 진의를 오해하기 쉽다. 또한 "악법도 법이다."라는 말은 소크라테스가 한 말로 유명하지만, 실제로 소크라테스는 그런 말을 한 적이 없다.

소크라테스의 진정한 신념과 입장은 플라톤이 쓴 『소크라테스의 변론』에서 더욱 날카롭게 드러난다. 『소크라테스의 변론』은 플라톤의 창작물이지만 후대의 학자들은 이 책을 역사적 사실에 가까운 것으로 간주한다. 플라톤의 『소크라테스의 변론』은 소크라테스가 죽은 지 오래 지나지 않아 출간되었다. 그러므로 소크라테스의 재판에 직접 참여한 수백 명의 사람들이 아직 살아 있었고 그들의 기억이 비교적 정확할 때다. 심지어 그들 중 다수가 소크라테스의 사형에 찬성표를 던졌으니, 수많은 증인이 있는 공적인 사건에 대해 사실과 다른 내용을 첨가해 꾸미기란 어려웠을

---

1 편집자주) 소크라테스의 부유한 친구. 크리톤은 소크라테스에게 탈옥을 권유하지만 소크라테스는
 정의와 법의 관점에서 반박한다.

것이다.

『소크라테스의 변론』에서 소크라테스는 총 세 번의 연설을 한다. 우리는 이 연설에서 소크라테스를 고발한 이유, 소크라테스의 입장, 그리고 소크라테스 철학의 정수를 모두 찾을 수 있다.『소크라테스의 변론』이 보여주는 아이러니한 사실은 제목이 풍기는 이미지와 달리 소크라테스는 '변명'한 적이 한 번도 없었으며, 우리가 흔히 생각하는 '변호'와 달리 사람들의 마음을 사로잡아 설득하려 한 적도 없었다는 점이다. 제임스 A. 콜라이아코는 이에 대해 다음과 같이 이야기했다.[a]

"그리스어로 '어폴로지아(apologia)'는 변론을 뜻하지만, 영어 번역본의 제목에 들어 있는 '변명(apology)'이라는 단어에 후회라는 의미가 내포되어 있다는 사실에도 아이러니가 들어 있다. 소크라테스의 연설 내용은 후회와 거리가 멀다. 그는 자신이 '변명'해야 할 일을 하나도 하지 않았다고 생각한다."

## 이중의 함정과
## 이중의 미션

소크라테스는 법정에서의 첫 번째 연설에서 자신이 고발당한 죄목은 진실이 아니며, 오랜 적대자가 만들어낸 자신의 부정적 이미지 때문에 진실처럼 보일 수 있다고 말했다. 소크라테스의 부정적 이미지와 죄목은 무엇이었을까? 소크라테스의 적대 세력은 오랫동안 소크라테스가 보잘것없는 주장을 강력한 주장으로 만드는 소피스트라고 비난했고, 마침내 소크라테스가 젊은이들을 타락시켰다고 고발했다. 젊은이를 타락시키고 아테네가 믿는 신들을 믿지 않고 다른 새로운 영적인 것들을 믿었다는 게 고발 사유였다.

소크라테스의 죄목은 국가의 안녕과 질서에 대한 위협으로 종합될 수 있다. 젊은이는 아테네의 미래이며, 국가가 공인한 신은 아테네라는 공동체가 추구하는 가치의 문제이기 때문이다. 소크라테스를 소피스트로 모는 것은 소피스트가 객관적이고 절대적인 가치에 회의적이고 자신에게 유리한 말만 취하며, 그런 생각과 기술을 젊은이에게 가르쳤기 때문이다. 이른바 혹세무민으로 사회에 심각한 해악을 끼쳤다는 것이 소크라테스의 죄목이었다. 고발자는 심지어 소크라테스의 언변이 유창한 만큼 여기에 속지 말라는 주의사항까지 덧붙였다.

소크라테스는 이중의 함정에 빠진 셈이다. 소크라테스의 연설이 배심원을 설득하는 데 실패하면 소크라테스는 진짜로 그런 죄를 저지른 사람으로 유죄판결이 날 것이고, 자신의 고발 내용을 인정할 수밖에 없는 상황이 된다. 반대로 훌륭한 연설을 통해서 배심원을 설득하는 데 성공하면 소크라테스는 정말 진실과 무관하게 수사술로 사람들을 조종하는 소피스트로 취급되어, 소크라테스가 살아온 삶은 거짓된 이미지로 덧칠될 것이다.

소크라테스를 소피스트로 오해하거나, 오해하지 않아도 그의 논박술

지금도 아테네에는 소크라테스가 재판 당시 머물렀던 감옥이 남아 있다. 그는 투옥된 채 평생에 걸쳐 행해온 자신의 철학과 자신의 정체성을 입증해야만 했다.

이나 대화에 대한 아테네 시민의 부정적인 이미지는 뿌리 깊었다. 그러한 오해는 앞서 잠깐 소개했던 아리스토파네스의 희극 〈구름〉을 보면 잘 알 수 있다.

그러므로 소크라테스는 법정에서 자신은 죄를 지은 적이 없음은 물론이고, 자신의 삶이 소피스트와는 전적으로 다른 종류의 삶이라는 것을 납득시켜야 했다. 평생에 걸쳐 행해온 자신의 철학과 자신의 정체성을 입증해야만 했다. 소크라테스의 법정 진술은 단순히 고발에 대한 변론이 아니라 소크라테스가 생각하는 삶, 소크라테스의 철학함에 대한 선언이자 증명인 셈이었다. 소크라테스가 추구한 지행합일의 태도는 크세노폰의 『소크라테스의 변론』에서 잘 드러난다.

"제 평생이 변론의 준비였음을 모르시겠습니까? (…) 저는 항상 옳은 것과 그런 것을 생각하고, 옳은 일을 하며 그른 것을 피하는 데 몰두했습니다. 바로 그것이 최고의 변론 준비입니다."

# 죽음이 두렵지 않은 이유

**아테네를 향한 철학적 대화**

소크라테스는 먼저 자신이 소피스트가 아니라고 설명하며, 이 과정에서 자신보다 현명한 사람이 없다고 말한 델포이의 신탁을 거론했다. 그리고 자신이 정치인, 시인, 기술인 등을 만나 대화하면서 그 신탁을 받아들이게 된 과정을 설명했다. 결국 법정에서 배심원들을 상대로 세상에서 자신이 가장 현명하다고 주장한 셈인데, 그런 발언이 썩 좋은 효과를 낳을 리 없었다. 그런데 과연 소크라테스가 그런 사실을 몰랐을까? 소크라테스는 이미 배심원들의 마음을 사로잡을 수 있는 변론 원고를 거부한 상태였다. 그는 배심원들이 어떤 반응을 보일지 몰라서 이런 발언을 한 것이 아니었다. 그의 발언의 목적은 배심원들의 호감을 사는 데 있지 않았다. 그는 변론을 통해 자신의 삶과 철학, 지행합일의 태도를 드러낸다.

## 소크라테스의 변론?
## 아테네를 향한 논박술

소크라테스는 이미 자신의 미션을 수행하기 시작한 것이다.

나, 소크라테스가 정말 소피스트인가? 나는 정말 진실이 아닌 것도 진실로 만드는 사람인가? 당신들이 생각하는 소피스트는 누구인가? 잘못된 지식조차 옳게 만드는 이들이 소피스트라면, 과연 당신들이 잘못된 지식이라 생각하는 것은 무엇인가? 당신들이 진짜 지식, 중요한 지식이라고 생각하는 것은 무엇인가? 당신들은 정말로 '알고 있다'라고 자신할 수 있는가?

소크라테스가 자신에게 주어진 미션과 정면으로 부딪히는 과정은 이렇게 단계적으로 진행된다. 이후 소크라테스는 자신이 젊은이를 타락시켰다는 혐의에 대해 이야기한다. 그는 고발자의 대표 역할을 맡아 자신과 법정에서 대결하게 된 멜레토스(meletus)에게 "아테네는 젊은이가 훌륭한 시민으로 성장하는 일을 중요하게 여기지 않는가?"라고 묻는다. 고발장의 죄목을 생각하면 그 누가 아니라고 답할 수 있겠는가? 답은 당연히 "그렇다."였다. 소크라테스는 그 흐름을 타고, 그렇다면 아테네에서 젊은이를 성장시키는 일을 맡고 있는 것은 누구인지를 묻는다. 아테네는 직접민주주의 체제였고, 그 속에서 사는 사람답게 멜레토스는 여기 있는 배심원을 포함한 시민 모두라고 대답한다.

**멜레토스**　배심원을 포함한 시민 모두가 아테네의 젊은이를 성장시키는 일을 맡고 있습니다.

**소크라테스**　그럼 모든 아테네인들이 젊은이들을 성장시키겠군요. 모든 시민들이요, 저만 빼고요. 그렇다면 젊은이들을 타락시키는 사람은 저 혼자란 뜻인가요?[b]

소크라테스는 말을 조련하는 조련사의 비유를 들어 누군가를 교육하고 성장시키는 건 아무런 지식이 없는 다수의 몫이 아니라 전문적인 지식이 있는 소수의 역할임을 주장한다. 그러므로 아테네의 모든 사람들이 젊은이들을 가르치고 향상시킬 수 있다는 멜레토스의 주장은 잘못된 것이다.

소크라테스의 이 논박은 숨은 의미를 갖고 있다. 젊은이들의 교육을 위해 무엇이 좋은지 말할 수 있으려면 아테네 시민이라는 자격만으로는 안 되고, 전문적인 지식이 있어야 한다는 것이다. 그런데 이 지식은 무엇에 관한 지식인가? 그것은 바로 우리 인간에게 좋은 가치 있는 삶에 관한 지식이다. 어떤 삶이 좋은 삶인지 모르면서 어떻게 젊은이에게 '좋은 것'을 가르치거나, '좋지 않은 것'을 가르쳤다고 소크라테스를 고발할 수 있겠는가? 소크라테스는 이 문제를 평생을 바쳐 탐구해왔다. 그러므로 이 문제에 관한 전문가, 젊은이를 가르치고 성장시킬 수 있는 전문가는 바로 소크라테스 자신인 것이다.

## 남에게 인정받는 삶보다
## 중요한 것은 따로 있다

소크라테스는 자신의 활동이 많은 사람들의 미움을 사고 사형을 선고받을 만한 죄로 여겨질 수 있다는 것을 알았지만, 죽음이 두렵지는 않다고 말했다. 이를 위해 소크라테스는 트로이와의 전쟁에서 전사한 아킬레우스(Achilles)를 언급한다. 아킬레우스는 훌륭한 전사지만 처음에는 트로이와의 전쟁에 참여하지 않았다. 그리스 측의 지도자인 아가멤논(Agamemnon)이 아킬레우스에게 모욕을 주었고, 그로 인해 아킬레우스의 명예가 심하게 손상되었기 때문이다. 당시에는 명예를 무척이나 중요하게 생각하는 시대였다. 따라서 아킬레우스는 자신의 명예를 지키기 위해 아가멤논과 함께하지 않는 길을 택할 수밖에 없었다.

그러나 트로이의 왕자 헥토르가 아킬레우스와 절친한 파트로클로스(Patroclus)를 죽이자, 아킬레우스는 친구의 복수를 위해 다시 그리스군에

합류했다. 아킬레우스는 어머니인 여신 테티스를 통해 친구의 복수를 위해 핵토르를 죽이면 자신 역시 죽게 될 것임을 알고 있었다. 그러나 아킬레우스는 자신의 죽음이 두려워 친구의 복수를 하지 못하는 삶을 거부했다. 그런 삶은 친구와의 신의를 지키지 못할 뿐더러, 전사이면서도 죽음과 위험을 두려워해 스스로 해야 할 일을 하지 못하는 불명예스러운 삶이기 때문이다. 아킬레우스는 불명예의 삶을 사는 대신 친구와의 우정을 지키고 계속해서 명예로운 삶을 사는 길을 택한다.

소크라테스   무슨 일을 하든 좋은 사람은 자신이 살거나 죽을 가능성을 계산해서는 안 됩니다. 어떤 일을 할 때 자신이 올바른 것을 행하는지, 올바르지 못한 것을 행하는지만 생각해야 합니다.ᶜ

소크라테스는 아킬레우스가 죽음과 위험을 두려워하지 않고 택한 명예로운 삶을 자신의 철학적 삶, 철학적 활동에 비유한다. 소크라테스 역시 죽음을 두려워하지 않고 자신이 가치 있다고 생각하는 삶을 살아왔고, 그 모습은 법정에서도 마찬가지로 일관적이었다. 아킬레우스는 아테네 공동체의 전통적인 영웅이다. 공동체 전체가 인정하는 영웅은 그 공동체가 중요하게 생각하는 가치와 맞닿아 있다. 그러므로 소크라테스는 단지 자신이 그만큼 용감하다고 주장한 것이 아니라, 아테네 공동체가 아킬레우스를 영웅으로 숭배하고 모범으로 삼는 것처럼 자신의 삶과 자신이 추구하는 문제를 공동체의 중요한 가치로 인정하고 따라야 한다고 주장한 것이었다.

그러나 아킬레우스와 소크라테스에게는 결정적인 차이가 있다. 아킬레우스는 친구를 위한 복수 앞에서 죽음을 두려워하지 않는 명예, 다시 말해 사회에서 용맹한 사람으로 인정받는 것을 가장 중요한 가치로 두었다. 명예의 핵심은 개인의 행위 자체가 아니라, 공동체가 그런 행위를 훌륭하고 좋은 것으로 승인하는지에 달려 있기 때문이다. 그러나 소크라테스는 오히려 '타인에게 인정받는 삶=좋은 삶'이라는 공식을 깨는 사람이다. 소크라테스에게 중요한 것은 타인에게 인정받지 못하고 무수한 오해와 비난에 시달리며 목숨조차 위험해질지라도 가장 가치 있는 것을 찾고 따르는 삶이다. 곧 지혜를 향한 사랑을 실천하는 철학적 삶이 가장 중요했다.

소크라테스는 자신이 젊은이를 타락시켰다는 말에는 논박했지만, 아테네의 신을 인정하지 않고 다른 신을 소개했다는 말에 대해서는 상대적으로 슬쩍 넘어간다. 그 말이 진실이 아니라고 반박하기는 했지만, 이 반박은 자신이 무신론자가 아니라 신과 신성함에 대해 무척 생각을 많이 하는 사람이라는 것을 보여주는 방식으로 진행되었다. 사실 아테네의 신을 충실하게 믿고 따르고 있다는 한마디면 끝날 이야기를 구태여 완곡하게 돌아가는 방식을 택한 것이다. 소크라테스가 따르는 신은 자신의 욕망에 충실하게 그려지는 그리스 신화 속 신이 아니었기 때문이다.

그런데 소크라테스는 그리스 신화 속 신 중의 한 명인 아폴론을 반복적으로 언급했다. 아테네가 인정하는 신이란 그중에서도 아테네, 제우스, 아폴론 등 아테네 도시국가를 보호하는 신을 뜻한다. 아폴론이 신탁을 통해 소크라테스를 가장 현명하다고 말했디면 소크라테스가 신에 대해 불경죄를 저질렀다고 의심하는 쪽이 되레 이상한 것 아닐까? 그러나 소크라테스는 이 점을 지적하기보다 아폴론을 지혜와 진실의 신으로 계속 언급했다. 달리 말하면 신보다 중요한 것은 지혜와 진실이라는 뜻인데, 이는 아테네가 생각하는 전통적인 믿음의 방식이 아니었다. 소크라테스는 진실에 어긋난다는 생각이 들면 신에게조차 질문과 논박을 멈추지 않을 사람이었다. 신을 무조건적으로 믿는 것이 아니라 신 또한 의심할 수 있는 대상이었다. 진실을 좇는 질문에는 성역이 없기 때문이다.


## 아테네를 향한
## 철학적 대화


이제 우리는 왜 소크라테스가 배심원들에게 반감을 살 것을 알면서도 위험을 무릅쓰고 자신을 현명한 사람, 아테네의 새로운 영웅으로 제시했는지 짐작할 수 있다. 소크라테스에게 법정 연설은 자신을 변호하기 위한 목적이 아니라 당시 아테네가 추구하는 가치 및 삶의 방향에 맞선 논박술이었다. 거리에서 아테네 시민과 대화를 나누던 철학의 동반자 소크라테스는, 자신의 죽음을 논하는 자리까지도 철학적 대화의 장으로 활용했다. 아테네가 중요하다고 생각하는 가치, 옳다고 믿는 것은 정말 그러한 것인가? 다시 말해 소크라테스는 법정에서 아테네 시민, 아테네라는 국가, 체제, 공동체 전체를 향한 철학적 대화를 수행했다.

그러나 소크라테스가 국가라는 조직이나 공동체 자체를 거부한 것은 아니었다. 소크라테스에게는 자신뿐만 아니라 다른 사람의 삶, 공동체 전체의 삶 역시 소중했다. 그렇기 때문에 사람들의 미움과 분노를 감당하면서 아테네 전체를 향해 철학적 대화를 시도한 것이었다. 소크라테스가 중요하게 생각한 공동체는 아무런 반성도 검토도 없이 그저 지금까지 그랬던 것처럼 국가라는 형태를 지속하는 공동체가 아니라, 진실로 좋은 삶을 알고 실천하는 공동체이며 이러한 활동을 장려하는 공동체였다.

# 소크라테스는 왜 죽음을 택했을까?

## 가치 있는 삶을 택하다

결국 소크라테스에게 사형이 선고된다. 소크라테스의 친구들은 그를 그대로 놓아줄 수가 없었다. 소크라테스와 함께 자란 오랜 벗이자 후원자인 크리톤은 사형 집행일이 다가오자 그에게 탈옥을 권유했다.

크리톤은 소크라테스의 친구인 만큼 막무가내로 탈옥을 권유하지는 않았고, 나름의 이유를 제시했다. 물론 친구의 죽음을 앞두고 있는 만큼 크리톤의 이유는 논리적이라기보다 감정에 호소하는 쪽에 더 가까웠다. 크리톤은 소크라테스가 죽으면 자신은 다시없을 친구를 잃을 뿐더러, 친구를 구할 수도 있었는데 죽게 내버려뒀다는 나쁜 평판과 불명예를 얻게 될 것이라고 주장했다.

현대 사회에서도 사람들이 나를 어떻게 보고 어떻게 평가하는지는 중요하다. 사람들의 평판은 그리 쉽게 무시할 수 있는 것이 아니다. 하물며 아테네는 명예를 무척 중요하게 여기는 사회였으며, 당시 아테네 법정은 아테네 시민으로서의 자격을 박탈하는 것을 가장 중차대한 벌로 생각해 실제 사형을 집행하는 일에는 그만큼의 관심을 갖지 않았다. 그래서 소크라테스처럼 사형 선고를 받고도 주변의 도움을 얻어 다른 나라로 도망치는 일이 비일비재했고, 사람들도 굳이 이미 도망친 사람을 다시 잡아와야 한다고 생각하지 않았다. 그러므로 크리톤의 주장은 당시 사회에서는 꽤 그럴 듯한 생각이었다.

## 소크라테스는
## 왜 탈옥하지 않았을까?

그러나 소크라테스는 오랜 벗의 애원에도 흔들리지 않고 자신이 어떻게 살아왔는지를 상기시킨다.[d]

**소크라테스**　오, 크리톤. 왜 그리 사람들이 뭐라고 평가할지를 걱정하는 거야? 너는 언제나 사람들이 나를 나쁘게 보는 것을 염려했지. 사람들의 평가는 확실히 영향력을 갖고 있어. 하지만 그것이 정말 참되고 가치 있는 것일까? 사람들은 잘 알지도 못하면서 이런 저런 의견을 정답인 것처럼 말하지. 우리가 새겨들을 만한 말은 제대로 된 지식 아래서 심사숙고해서 나온 견해들이야. 너는 나를 잘 알잖아. 내가 사람들의 평판을 두려워하지 않고 계속 지금과 같이 살아온 이유는 내가 깊이 심사숙고한 후에 가치 있고 타당한 근거, 다시 말해 참된 것(logos)에 따라서만 판단을 내려왔기 때문이야. 사형 대신 탈옥을 하는 것도 마찬가지야. 그 일이 가치가 있으며 타당한 근거에 의한 것이라면 나는 그렇게 했을 거야. 나의 탈옥이 참된 것, 올바른 것, 좋은 것이라면 말이야.

**크리톤**　　하지만 소크라테스, 너를 향한 사형 판결부터가 올바르지 않은 일이었어. 너야말로 잘 알거야. 왜 올바르지도 않은 일을 그대로 당하고 있어야 해? 잘못된 일을 그대로 따르지 않는 게 오히려 올바른 일이야.

**소크라테스**　　크리톤, 어떤 사람이 다른 사람 때문에 큰 피해를 입었다고 치자. 그렇다고 똑같이 그 사람에게 큰 피해를 돌려주는 방식으로 행동하는 게 올바르고 가치 있는 일일까? 내가 피해자가 되었다고 해서, 나도 똑같이 다시 피해자를 만드는 가해자가 되어도 괜찮은 걸까?

**크리톤**　　응, 나는 그렇게 생각해. 하지만 눈에는 눈, 이에는 이, 손해에는 손해로 돌려주는 것은 소크라테스 너의 원칙이 아니지. 너는 어떤 일이 있어도 올바른 행동만 하니까.

**소크라테스**　　모든 사람이 내 생각에 동의하지는 않을 거야. 그렇지만 나는 우리가 남에게 피해를 입었다고 해서 거꾸로 다른 사람에게 해를 입히거나, 그것을 빌미로 올바르지 않은 일을 해서는 안 된다고 생각해.

**크리톤**　　　소크라테스, 너 이러다가 왼뺨을 맞으면 오른뺨을 내어주겠다고 하겠어!

**소크라테스**　　(웃으며) 물론 그럴 필요까지는 없지. 하지만 크리톤, 나는 너도 사실은 그렇게 생각할 것이라 믿어. 너 역시 바르고 가치 있는 삶을 살려고 하지. 지금 네가 슬프고 화가 난다고 해서 네가 평소에 믿지 않던 것을 믿는 척하지는 마. 너도 다른 사람에게 해를 끼치거나 보복하는 삶을 바라진 않잖아. 진짜 참된 가치는 그 상대가 내 친구이든, 적이든 달라지지 않는 거야. 나는 언제나 그런 것을 찾아왔어, 크리톤. 귀에 걸면 귀걸이, 코에 걸면 코걸이가 아니라 누구나 공통적으로 추구할 만한 절대적이고 진정한 가치를.


## 악법도 법이어서가
## 아니라

그러다 탈옥을 권유하는 크리톤과 소크라테스의 대화에 아테네의 법이 불쑥 끼어든다.

**아테네법**　　　크리톤, 가만히 듣고 있자니 정말 못 들어주겠네. 잘못된 일은 따르지 않는 것이 올바른 행동이라고? 그러면서 아테네의 시민이라고 스스로를 칭하고 있었나? 어떻게 아테네 같은 법치국가에서 사는 사람이 그런 말을 할 수 있지? 내가 특별히 소크라테스를 좋아하는 것은 아니지만, 지금의 대화에서는 소크라테스의 편을 들 수밖에 없겠네. 어쩜 그렇게 어리석은 소리를 하는 거야.

**크리톤**     당신은 누구시오? 어떻게 여기에 왔소?

**아테네법**     이봐, 나를 잘 보라고. 누구 같아 보여? 나는 너희를 수호하는 너희들의 영원히 빛나는 별, 아테네의 법이다. 지금 잠깐 인간의 모습으로 현신한 거야.

**크리톤**     (상대가 제정신이 아니라고 생각한다.) 아니, 아테네의 법이 현신을 해?

**소크라테스**     좋아요, 영원한 별과 같은 젊은이. 일단 당신의 말을 들어보겠어요.

**아테네법**     크흠! 일단 소크라테스는 자신이 선택해서 아테네에서 살고 있는 거야. 물론 태어날 때는 어디서 태어날지 선택할 수가 없지. 그러나 우리 아테네는 자유시민의 이주를 막고 있지 않아. 그런데도 지금까지 아테네에서 살았다면 소크라테스는 아테네에 살기를 스스로 선택한 것이고, 아테네라는 공동체의 룰에 따르는 사람으로 살겠다고 스스로 선택한 것이지. 다시 말해, 소크라테스는 이 몸, 아테네법에 충실한 시민으로 살겠다고 자발적으로 동의했어. 이제 좀 알겠나? 나는 그 과정에서 어떤 속임수를 쓰지도 않았고 강요하지도 않았어.

**크리톤**     (법의 현신이라는 존재를 받아들이지 못하고 있다.) 허, 이것참.

**아테네법**     게다가 이쪽은 이쪽의 룰에 따라 나의 시민인 소크라테스에게 공평한 기회를 줬다고. 세상에는 재판도 없이 처형하는 나라도 있는데 말이야. 소크라테스는 자신에게 주어진 변론 기회를 다 사용할 수 있었고, 판결도 배심원의 참여에 의해 단계적으로 이루어졌어. 그렇게 나의 룰에 동의한 사람이 받을 수 있는 기회까지 적절한 과정을 거쳐 다 받아놓고서 이제 와서 탈옥을 하시겠다? 이거야말로 부당한 행위가 아니고 뭘까?

**크리톤**　　(여전히 받아들이지 못하고 있다.) 크흠!

**아테네법**　　게다가 아테네는 바로 나, 법에 의해 이 질서가 지탱되고 있어. 다들 법을 지키기로 나에게 동의했고, 그 약속을 지키며 살려고 노력했기 때문에 아테네 공동체가 지금까지 유지되었지. 소크라테스의 엄마, 아빠도 그래서 아테네의 시민으로 살 수 있었고, 그들이 살았던 덕에 소크라테스도 태어났고, 그렇기에 아테네의 교육을 받고 자랄 수 있었어. 만일 소크라테스가 스파르타 같은 곳에서 태어났다고 생각해봐. 지금과 같은 문화를 누리며 성장할 수 있었겠어? 그러니까 아테네의 법인 나 자신보다 일개 시민이 더 올바르고 참되다는 말 같은 건 할 수가 없어. 어디서 감히!

**크리톤**　　으음, 들어 보니 틀린 말은 아닌 듯하네.


아테네의 법이 직접 나타나 인간처럼 말을 한다는 것은 물론 문학적 설정이다. 그러나 법의 말은 제법 논리적인 것처럼 들린다. 국가는 시민들의 자발적인 의지에 따른 약속으로 성립된다. 다시 말해 서로 다른 많은 사람들이 공존하기 위해 자발적으로 자신의 자유를 조금씩 제한하는 데 동의한 것이다. 법을 통해 자유를 보장받는 데 동의했기 때문에 사회가 성립되고 유지될 수 있었다. 소크라테스가 아테네 공동체 사회에서 살고 있는 것은 그 사회를 떠받치는 법을 지키기로 자발적인 동의를 한 것이고, 이제 와서 그 법을 어기고 탈옥한다면 자신이 스스로 동의한 계약을 어기고 공동체의 근간을 흔드는 일이 된다. 그러므로 탈옥은 소크라테스가 추구하는 삶과 달리 올바르지 않은 행동이 되는 것이다.

크리톤은 법의 이야기가 끝에 다다르자 더 이상 할 말을 찾지 못한다. 소크라테스의 입장은 어떨까? 소크라테스가 정말로 법의 이야기에 동의했기 때문에 탈옥하지 않은 것일까? 만일 그렇다면 소크라테스의 죽음은 감히 법을 어길 수가 없어서 법이 부당한 판결을 내렸다고 생각하면서도 복종한 것이 된다. 정말 그런 것이라면 소크라테스의 죽음은 "악법도 법이다."라는 가치의 표명인 것처럼 보인다.


## 정의롭지 않은 법과
## 타협하지 않는 삶

앞서 소크라테스가 한 말만 보아도 그 둘의 차이를 짐작할 수 있겠지만, 후대의 학자들은 아테네법의 말이 곧 소크라테스의 생각이라고 해석하지 않았다. 소크라테스의 죽음은 자신의 양심에 따르는 개인과 현존하는 사회적 질서의 충돌로 이해된다. 그리고 이때 양심은 상황에 따라 달라질 수 있는 변덕스러운 개인의 격정이 아니라 진실로 가치 있는 것을 찾고 따르는 사유의 활동이다. 좋은 것을 향해 적극적으로 움직이는 정신의 활동이 바로 '양심'이다.

소크라테스는 아테네의 젊은이들과 철학적 대화를 나눔으로써 아테네에 끊임없이 문제를 제기했다. 의외로 소크라테스는 직접 '아테네의 법과 제도'에 화살을 겨눈 적은 없었다. 그러나 성역도 한계도 없이 질문을 던지며 올바르고 적절하지 못한 무언가, 충분히 검토되지 않은 무언가를 믿지 않는 소크라테스의 활동은 필연적으로 국가의 질서 역시 무조건적인 복종의 대상으로 받아들이지 않았다. 국가의 법과 제도, 사회적 관습과 질서를 무조건 부정하지도 반대하지도 않았지만, 그렇다고 그냥 받아들이지도 않았던 것이다. 공동체와 제도 역시 이 철저한 검토에서 면제될 수는 없었다. 소크라테스가 아테네 시민에게 물은 것처럼 과연 그들의 공동체와 제도는 모든 구성원이 진정으로 좋은 삶을 추구하고, 이를 추구할 수 있도록 지원하고 있을까?

소크라테스는 법정 연설에서 아테네 시민 동료를 사랑하고 존경하지만, 그보다 중요한 것은 신에게 복종하는 일이기 때문에 철학적 활동을 결코 그만두지 않겠다고 공언했다. 여기서 아테네 시민은 아테네의 사회적 관습, 제도, 질서 등을 의미하고 신의 뜻에 따른다는 것은 철저한 사유와 검증을 통해 가치 있다고 입증된 것을 따르는 삶을 의미한다. 소크라테스식으로 표현하면 이러한 태도야말로 영혼에 좋은 삶, 정의로운 삶을 위한 태도였다. 현존하는 관습, 제도, 질서가 곧 정의라고 할 수는 없었기 때문이다. 소크라테스가 추구하는 정의는 지금 현재 아테네인들에게 유리하기 때문에 그들의 편에서만 좋다고 여겨지는 것이 아니라 모두에게 유익한 것이었다. 소크라테스가 말하는 영혼에 좋은 삶이란 하나의 영혼만을 위한 것이 아니었다. 다시 말해 소크라테스는 보편적으로 정의로운 삶을 좇았다.

소크라테스를 죽음으로 위협하며 철학적 활동을 중단하라고 압박하는 아테네 공동체는 과연 정의로운가? 죽음에 대한 공포로 사람을 위협해 강제적으로 침묵하게 하는 공동체가 과연 정의로운 공동체인가? 이런 공동체는 신변의 위협을 무기로 자유롭게 생각하고 발언하며 토론할 자유를 억압하는 공동체다. 자유로운 생각 및 그 생각의 공유를 막으면 질서가 흔들리는 일은 없을 수 있다. 그러나 이 공동체는 그로 인해 사람들의 생각과 표현을 통제하고, 스스로 생각하며 성장하고 변화할 기회를 막는다. 결코 영혼에 유익한 공동체라 할 수 없는 것이다.

그렇다면 왜 소크라테스는 이 정의롭지 않은 공동체의 사형 판결을 받아들이는 것일까? 소크라테스가 탈옥하지 않고 죽음을 맞이한 것은 악법이라도 법이어서, 정의롭지 않아도 법이기 때문에 무조건 복종한 것이 아니었다. 소크라테스는 이미 크리톤과의 대화 초반에서 '정의로운' 약속을 지켜야 한다고 말하고 있다. 소크라테스에게 죽음보다 중요한 건 철학적 삶을 소명으로 받아들인 자기 자신과의 정의로운 약속을 실천하는 삶이었다. 그렇기에 소크라테스는 "죽음을 피하는 일보다 더 중요하고 어려운 일은 불의를 피하는 일입니다."라고 말했다.

소크라테스의 죽음은 마하트마 간디(Mahatma Gandhi)의 비폭력 저항과 같은 저항이자 시민불복종인 셈이다. 시민불복종은 국가 권력의 명령이 부당하다는 이유로 그 명령을 거부하고, 그러한 행동을 통해 문제를 공론화해 변화를 촉구하는 행동이다. 국가의 명령, 이를테면 법의 이행을 거부하기 때문에 시민불복종이라는 행동은 법의 처벌을 받을 수 있다. 그러나 시민불복종을 실천하는 사람들은 처벌을 각오하고 문제를 드러나게 하지, 직접적으로 체제를 전복하거나 바꾸는 행위가 아니다. 따라서 체제를 위협하는 혁명과는 구분된다. 시민불복종은 전체 공동체 구성원에게 어떤 종류의 권력 행사와 정의의 관계를 다시 한번 생각하자는 물음을 던지는 행위다.

소크라테스는 자신의 죽음을 통해 시종일관 철학함을 실천하는 삶을 완성했다. 그는 참되고 가장 가치 있는 삶, 영혼에 유익한 삶, 그러므로 모두에게 정의로운 삶을 추구하며 어떤 불의와 위협 앞에서도 그렇게 살기를 그만두거나 타협하지 않았다. 소크라테스는 수천 년의 시간을 뛰어넘어 오늘날의 우리에게 묻고 있다. 죽음이 두려워 진실되게 살지 않는 쪽을 택할 것인가?

6장
핵심내용

- 소크라테스의 법정 발언은 아테네 시민, 아테네라는 국가, 체제, 공동체 전체를 향한 철학적 대화의 일환이었다.

- 소크라테스가 정의롭지 않은 공동체의 사형 판결을 받아들인 이유는 악법이라도 법이어서, 정의롭지 않아도 법이기 때문에 무조건 복종했기 때문이 아니었다. 소크라테스는 법에 복종하는 죽음이 아니라, 철학적 삶을 소명으로 받아들인 자기 자신과의 정의로운 약속을 실천하는 삶을 선택했다.

- 소크라테스는 자신의 죽음을 통해 시종일관 철학함을 실천하는 삶을 완성했다. 그는 참되고 가장 가치 있는 삶, 영혼에 유익한 삶, 그러므로 모두에게 정의로운 삶을 추구하며 어떤 불의와 위협 앞에서도 그렇게 살기를 그만두거나 타협하지 않았다.

# 6장
## 참고문헌 및 자료

✦

a (256쪽). 제임스 A. 콜라이아코의 저서 『소크라테스의 재판』 61쪽에 나오는 내용이다.

b (262쪽). 플라톤의 저서 『소크라테스의 변론』 25a의 내용을 조금 다른 문장으로 표현했다.

c (264쪽). 플라톤의 저서 『소크라테스의 변론』을 참고했다.

d (269쪽). 이하의 내용은 플라톤의 저서 『크리톤』의 내용 중 일부를 축약, 각색한 것이다.

"세계를 움직이고 싶다면, 나부터 움직이자."

_소크라테스

**7장** 나의 삶에서
철학하기

# 나도 철학하는 삶을 살 수 있을까?

소크라테스가 아니어도 괜찮아

결국 소크라테스는 목숨을 잃었지만 죽음을 택한 것은 아니었다. 오히려 소크라테스는 철학을 부단히 실천하는 삶을 택했다. 소크라테스에게 탈옥하지 않은 선택은 죽음을 향한 움직임이 아니라 진정 가치 있는 삶을 향한 움직임이었다. 죽음으로써 소크라테스의 삶에서 진실되고 가치 있는 것을 추구하지 않을 수 있는 가능성은 완전히 제거되었다. 그리하여 소크라테스는 오늘날 철학하는 삶에 대한 불멸의 상징으로 남는다. 우리가 과연 소크라테스처럼 살 수 있을까? 소크라테스처럼 살아야만 철학하며 사는 삶이라면 철학하는 삶을 살 수 없을 것만 같다.

# 소크라테스처럼
# 살 수 있을까?

　　소크라테스와 대화를 나눴던 아테네의 청년 중 일부는 소크라테스와 전혀 다른 삶을 살았다. 배신을 일삼고, 전쟁을 좋아하고, 아테네의 근간인 민주주의 체제를 위협하기도 했다. 알키비아데스가 그런 경우다. 알키비아데스는 평화조약을 깨고 전쟁을 일으켰으며, 그 후 반대파에 의해 목숨이 위험해지자 스파르타로 망명해 스파르타군에게 아테네의 정보를 흘리기도 했다. 알키비아데스는 든든한 가문이라는 배경은 물론이고, 그 자신의 재능을 포함해 보통 사람들 사이에서 장점이라 여겨지는 특징을 대부분 가지고 있었다. 그 때문인지 성격이 오만하고 언행은 거칠었다. 알키비아데스는 소크라테스를 매우 존경하며 따랐지만 소크라테스를 만났어도 그의 성격과 언행은 변하지 않았다. 알키비아데스는 결국 자신을 적대하는 쪽에 의해 암살당한다.

　　소크라테스는 평생에 걸쳐 사람을 가리지 않고 많은 대화를 나눴다. 그래서 가까이 지낸 청년들 중 알키비아데스와 같은 사람이 알키비아데스 한 명뿐인 것은 아니었다. 이것이 우리에게 시사하는 바는 무엇일까? 철학하는 삶은 누군가를 변화시키는 데 큰 영향력을 발휘하지 못한다는 걸까? 혹은 소크라테스처럼 살기는 너무도 어렵다는 뜻일까? 아테네 공동체는 또 다른 의심을 품고 있었던 것 같다. 모두가 소크라테스처럼 살 수 없다면, 소크라테스의 영향을 '잘못' 받아들인 알키비아데스 같은 청년만 늘어나는 건 아닐까? 다시 말해 철학이라는 활동은 불온한 영향만 미치는 활동이 아닐까?

사실 대부분의 사람들은 소크라테스처럼 할 수 없을 것이다. 소크라테스는 부당하게 사형을 선고받았다. 게다가 그가 아테네를 떠나기만 한다면, 다시 말해 소크라테스가 더 이상 아테네에서 철학하지 않는다면 사람들은 사형이 집행되지 않아도 크게 개의치 않았을 것이다. 그런 상황에서 몇 명이나 그대로 남아 있을까? 몇 명이나 순순히 독배를 마실까? 그러나 대부분의 사람들이 소크라테스처럼 살지 못한다는 말이 누구나 알키비아데스처럼 된다는 뜻도 아니고, 소크라테스만큼 하지 않으면 철학하는 삶을 살지 못한다는 뜻도 아니다. 소크라테스만큼 하지 않아도 우리는 철학하며 살 수 있을까? 정말 그런지 소크라테스와 알키비아데스를 둘러싼 의문과 함께 생각해보자.


## 소크라테스가 아니어도
## 철학할 수 있다

먼저 철학하는 삶이 누군가를 변화시키는 데 큰 영향력을 발휘하지 못한다는 문제에 관해 생각해보자. 이런 의문은 철학하는 삶이 누군가를 반드시 변화시켜야 한다는 기대에서 비롯된 것이다. 소크라테스와 알키비아데스의 관계에 대해 아테네가 품었을 의문을 생각해보자. 아테네의 의문과 기대는 "소크라테스, 너는 왜 네 학생을 네가 말하는 정의로운 삶을 살게 만들지 못했시? 네 생각이 그렇게 훌륭하다면 네게 배운 사람도 그렇게 되어야 하잖아. 철학하는 애들이 다 알키비아데스처럼 반항만 늘고 나쁜 점은 하나도 안 고쳐지면 어떻게 철학하라고 허락하겠니?"에 더 가깝다.

그러나 철학은 순종하는 것이 아니다. 소크라테스는 자신을 '선생님'으로 생각한 적이 없었다. 그는 법정에서도 그렇게 주장했다.

> **소크라테스**   나는 누구를 제자로 들인 적이 없습니다. 나는 누구를 만나도 똑같은 행동을 했을 뿐입니다. 누군가 나와 철학적 대화를 하려고 찾아온다면 젊은이든 노인이든, 부자든 빈민이든 나는 사람을 가리지 않고 만나 대화를 나눴습니다. 그러나 나는 누군가를 가르친 적은 없습니다. 누군가가 좋은 사람이 되는지 악한 사람이 되는지는 바로 그 사람의 책임이지 나의 몫이 아닙니다.[a]

우리가 만난 소크라테스 역시 자신이 알고 있는 것을 일방적으로 나에게 전한다는 의미에서의 '선생님'은 아니었다. 그는 나의 철학의 동반자이자, 내가 나 자신의 물음을 찾고 탐구할 수 있도록 돕는 대화 상대였다. 자신과 대화를 나눈 사람이 좋은 사람이 될지, 나쁜 사람이 될지는 그 사람 자신의 몫이라고 선을 긋는 소크라테스의 발언은 합리적으로 들린다. 하지만 다른 한편으로는 차갑게도 느껴진다. 나와 대화를 나눈 사람의 인생이 어떻게 되든 상관없다는 뜻 같기도 하다. 그러나 소크라테스는 사람들 모두가 영혼을 돌보며 좋은 삶을 사는 일에 지대한 관심을 갖고 있었다. 관심이 없었다면 어떻게 평생을 아무런 보수도 받지 않고 사람들과 철학적 대화를 나누는 활동에 헌신할 수 있었을까? 좋은 사람이 될지 나쁜 사람이 될지는 그 자신의 몫이라는 말은 오히려 철학이라는 활동의 본성과 관계된 것이다.

소크라테스가 삶으로 보여준 철학은 "이렇게 살아야 한다."라고 누군가에게 명령하거나 강제하는 활동이 아니었다. 철학적 사고방식은 남에게 얻은 좋은 것을 무작정 따르는 일이 아니다. 철학적 사고란, 오히려 이미 주어진 것이고 익숙하고 자연스럽기 때문에 다르게 보거나 다르게 만들 수 없다고 믿어왔던 믿음에 묶이지 않고 자유롭게 파헤쳐보는 활동이다. 그러므로 소크라테스는 자신이 직접 나서 알키비아데스를 조종하거나 어떤 생각과 행동을 강요함으로써 알키비아데스를 바꾸려 하지 않았다.

어떤 한 사람이 다른 사람 A를 A가 어떻게 생각하는지와 무관하게 자신이 생각하는 쪽으로 움직이려 한다면, 그곳에서는 철학을 찾을 수 없을 것이다. 철학은 자유로운 사고 활동이다. 누군가를 조정하려 하면 조종당하는 쪽이 스스로 자유롭게 생각해볼 기회를 박탈당하는 것은 물론이고, 누군가를 조종하려는 사람 역시 조종이라는 목적에 발이 묶이기 때문이다.

## 자유롭게 생각하는 일은
## 남이 대신할 수 없다

철학은 스스로 자유롭게 생각하는 활동이다. 그런 점에서 타인의 철학함을 살펴보고 공부할 수는 있지만 타인의 철학이 곧 내 철학이 될 수 있는 것은 아니다. 누군가의 삶을 본보기로 삼아 그 뒤를 따라가더라도 이 삶은 내 삶이지 그 사람의 삶이 될 수 없다. 누군가와 비슷한 단계를 밟아 같은 결론을 낼 수는 있지만 그것이 '나의 생각'이 되려면 내가 실제로 그 단계를 밟아 결론을 도출하는 활동을 직접 해야 한다. 그 사람이 심사숙고했듯 나 역시 스스로 부딪혀서 고민하고 검토하는 과정을 거쳐야 하는 것이다. 김연아 선수처럼 스케이팅을 할 수 있다고 말하려면 김연아 선수의 프로그램을 보고 외우는 것만으로는 안 된다. 자기 스스로 그만큼 스케이팅 훈련을 열심히 해야 한다. 많은 사람들은 신체 운동에 대해서는 이 점을 의심하지 않으면서도, 이상하게 생각하는 일에 대해서는 남의 것을 많이 보고 경험을 쌓는 것만으로 그만큼 생각하는 역량이 강화되었다고 오해하고는 한다.

나의 생각함은 누가 나를 대신할 수 있는 일이 아니다. 더욱이 자신이 의문도 검증도 없이 받아들였던 맹목적인 믿음에서 벗어나 자유롭게 열린 생각을 하는 활동을 다른 누가 대체할 수 있겠는가? 소크라테스는 누구나 자유롭게 생각할 수 있는 힘이 있음을 일깨웠고, 그 힘을 키워나갈 수 있도록 도왔다. 그러나 누군가의 삶을 조종해 그 사람이 스스로 생각하고 살아갈 자리를 빼앗거나 누군가를 자신과 똑같은 사람으로 만들려고 하지는 않았다.

그런 의미에서 알키비아데스가 어떤 사람이 되었는지, 어떤 삶을 살았는지는 알키비아데스의 몫이었다. 그러나 생각과 삶이 사람들 각자의 몫이라는 말이 철학적 사고가 타인에게 아무런 영향도 끼치지 못한다는 뜻은 아니다. 소크라테스는 플라톤을 비롯해 아테네의 많은 사람들을 변화시켰다. 소크라테스와 만난 아테네의 젊은이들은 무조건적인 수용이나 믿음을 거부하고 자유롭고 철저하게 탐구하는 힘이 자신에게 있음을 알게 되었고, 그 힘을 키우고 펼치는 방법 또한 알게 되었다. 더욱이 그 변화는 소크라테스와 직접 교류했던 사람에게만 해당하는 것이 아니다. 소크라테스를 언급하는 후대의 많은 철학자들 역시 소크라테스의 영향을 받았다. 이들 철학자는 소크라테스의 사상에 대해 저마다 자유롭게 사고하며, 끝까지 파고들어 가장 적절한 것을 찾는 활동을 하고 있다. 이것이 바로 철학함이고, 철학의 영향력이다.

철학은 자유로운 생각 활동이자 실천이다. 그러므로 소크라테스처럼 살 수는 없어도 우리 역시 철학을 할 수 있고, 철학하는 삶을 살 수 있다. 다만 알키비아데스의 경우처럼 철학적 활동의 대상에서 자기 자신이나 자신이 욕망하는 것을 제외하는 함정에 빠지지 말아야 한다.

철학은 다른 저 먼 곳 어딘가에서 이뤄지는 활동이 아니라, 바로 우리 자신의 삶에서 일어나는 지혜를 향한 사랑의 활동이다. 사랑은 무관심도 아니고 집착이나 맹목도 아니다. 철학함은 삶의 맥락과 가치를 뒷전으로

한 채 말의 앞뒤만 잘 맞추는 활동도 아니며, 자신에게 유리하고 편한 쪽으로만 파고들어 원하는 것만을 확신한다는 의미에서 '자유로운' 활동도 아니다. 사랑이 늘 진행 중인 상태이며 실천과 분리될 수 없듯이 철학함 역시 그러하다. 철학하는 삶을 살기 위해 반드시 소크라테스처럼 죽음을 무릅써야 하는 것은 아니다. 다만 잠시 쉬더라도 완전히 멈추지 않고 계속 사랑하는 용기가 필요하다. 그 용기는 계속 철학함으로써 증명될 것이다.

# 다시 나의 삶으로

**나의 문제와 마주하기**

**아가톤**　　(트라이와 함께 차를 마시며) 소크라테스 선생님과 함께 밤을 새

며 대화를 나누던 때가 그립네요.

**철학도 트라이**　저도 그때가 그리워요. 처음 소크라테스 선생님을 만날 때가

생각나요. 그때가 엊그제 같은데. 처음에는 소크라테스 선생님이 너무 어렵

고 이상한 분이라고 생각했어요. 그래서 계속 곁에 있어야 할지 고민도 했고

요. 많은 사람들에게 선생님에 대해 물어보고 다녔죠. 사람들마다 하는 말이

다 달라서 얼마나 혼란스럽던지.

**아가톤**　　하하하, 충분히 이해됩니다. 소크라테스 선생님은 정말 이상한

분이에요. 그분처럼 일관된 삶을 사신 분도 없을 텐데 사람들마다 그분을 다 다르게 기억하지요.

**철학도 트라이** 그건 아마 소크라테스 선생님께서 사람들에게 맞춰서 대화를 했기 때문이 아닐까요? 자기가 무슨 고민을 가져와서 어떤 태도로, 어떻게 그 문제를 풀어가는지에 따라 대화의 형태가 많이 달라졌을 것 같아요. 저와의 대화도 그랬고요.

**아가톤** 이제 트라이님도 소크라테스 선생님에 대해 잘 아시네요.

**철학도 트라이** 그저 제 경우에 빗대어 생각해본 거예요. 저는 소크라테스 선생님 덕분에 저 자신의 삶에서 중요한 것을 찾고, 제 문제에 대해 생각하는 법을 배울 수 있었어요. 철학이라는 학문에도 흥미가 생겼고요. 돌아보니 저는 제 고민이 깔끔하게, 최대한 빨리, 자판기에서 물건 나오듯이 답이 튀어나와 해결되기를 바랐던 것 같아요. 제가 정확히 무엇을, 어째서 고민하게되었는지 제대로 돌아볼 틈을 저 스스로에게 내어주지 못했어요. 소크라테스 선생님은 언제라도 항상 제 이야기에 귀 기울여주시고 들어주셔서 참 좋았어요.

**아가톤** 소크라테스님은 첫 인상과 달리 누구보다 좋은 대화 상대자이셨지요. 그것도 모든 사람에게 공평하게.

**철학도 트라이** 그러니까요. 사실 저는 저에게 중요한 것이 무엇인지도 혼란스러웠고, 내게 중요한 것을 스스로 정하는 것도 무서웠어요. 그래서 내가 무엇을 원하는지 알면서도 남의 이야기에 흔들렸죠. 그런데 이제는 그런 불필요한 생각들, 내 것이 아닌 생각들을 덜어내고 내 생각에 집중하는 방법을 조금 알게 된 것 같아요. 그리고 그렇게 살아갈 용기도 얻었고요.

**아가톤**      그렇군요.

**철학도 트라이**   제가 선생님을 뵈었을 때를 돌이켜보면, 저는 일이 잘되지 않을 때만큼이나 일이 잘 풀릴 때가 혼란스러웠어요. 열심히 노력해서 뭔가 이뤄내고 성취했다고 믿었지만 삶이 크게 달라지지 않았거든요. 왜 어렸을 때 꿈꾸던 것을 이루면 멋지고 좋고 당연히 행복할 것 같잖아요? 그런데 오히려 더 어려운 문제가 새로 생기고 항상 다른 문제로 허덕이게 되더라고요. 목표를 이뤄도 또 고민하고 애써야 하는 일이 계속 생기니까 허탈했어요. 나중에는 뭔가를 바라는 것 자체가 어려워졌어요. 저는 제가 무엇인가를 잘못해서 그렇게 되었다고 믿었는데….

**아가톤**      꼭 그렇지만은 않죠.

**철학도 트라이**   네, 제가 인생을 무척 단순한 게임처럼 생각했던 것 같아요. 시기별로 한두 가지씩의 미션이 있고, 그것을 잘 넘어가면 마음의 편안함이나 충만함이 저절로 따라온다고 오해하고 있었던 것이죠. 선생님과 대화하면서 알게 되었어요.

**아가톤**      스스로 철학하면서요?

**철학도 트라이**   네, 스스로 생각하고 의미를 짚고 오해를 걷어내서면요. 제 마음의 문제는 다 풀리지 않았지만, 제가 하는 고민이 꼭 이상하고 나쁘고 잘못된 게 아니라는 사실을 받아들일 수 있었어요.

**디오티마**    (갑자기 나타나며) 안녕하세요, 철학도 트라이님. 처음철학의 과정을 수료하신 것을 축하드립니다. 이제 과정을 마무리할 시간입니다.

# 생각하면서
# 생각하는 대로 살기

**아가톤**   트라이님과 계속 대화를 나누고 싶은데 이렇게 떠나신다니 아쉽네요.

**철학도 트라이**   저도 여기에 더 있고 싶지만 철학하는 법을 배운다는 이유로 이곳에 꽤 오래 머물렀던 것 같아요. 제 삶의 문제에서 잠시 떨어져 있는 시간을 가졌으니까 이제 다시 저의 일상으로 돌아가서 제 문제를 생각하려고요.

**아가톤**   트라이님의 생각하는 삶을 응원하겠습니다.

**철학도 트라이**   말씀 감사합니다. 소크라테스 선생님을 비롯해서 여기서 만난 분들 덕분에 잘못된 생각이나 지금의 제 삶에 맞지 않는 생각을 바꾸는 일이 그렇게 무거운 일이 아니라는 것을 알게 되었어요. 이전에는 제 생각의 잘못을 인정하면 지금까지의 저를 전부 부정하는 것 같아서 다르게 생각하거나 행동하는 일이 너무 무겁고 힘들게 느껴졌거든요.

**아가톤**   선생님은 지금 내 생각이 잘못되었다고 해서 내 전부를 비난할 필요가 없다는 것을 스스로 느끼게 해주시죠.

**철학도 트라이**   맞아요. 저는 지금까지 제가 한 생각의 내용이나 결과와 제 자신을 잘 구분하지 못했던 것 같아요. 잘못된 생각을 하는 것도 나 자신이지만, 잘못된 생각을 살펴보고 바꿀 힘을 가지고 있는 것도 나 자신이었어요. 어느 한 면만 저라고 믿었나 봐요. 저는 다른 사람들의 말에 잘 휘둘렸거든요. 그게 기울어진 생각이란 것을 알겠어요. 내가 나를 판단하고 바꿀 힘은 불신하면서, 다른 사람 생각대로 생각을 바꾸고 나를 평가하는 일은 쉽게 했다는 게 참 이상해요. 다른 사람 생각이든 내 생각이든 제대로 검토되지 않으면 나를 힘들게 하는 것은 똑같은데, 그걸 잘 몰랐어요.

**아가톤**       누구라도 비슷한 경험이 있을 것 같아요. 생각이 너무 많고 복잡해지면 뭐가 뭔지 혼란스럽고 헤매게 되니까요.

**철학도 트라이**   (부드럽게 웃으며) 저는 그동안 제가 제 삶에 대해, 저 자신에 대해 아주 긴 시간을 들여 고민을 많이 하면 그게 전부 깊은 생각인 줄 알았어요. 하지만 돌이켜보니 생각하는 시간보다 헤매는 시간이 더 많았던 것 같아요. 이제부터는 저 자신이 무엇을 원하는지, 무엇에 힘들어 하는지, 어떻게 생각하는 것이 나를 위한 일이고, 괜한 분노와 슬픔이라는 함정에 빠지지 않는 일인지를 곰곰이 생각해보려고요. 그리고 생각하는 대로 살고 싶어요. 물론, 그러다가 좌절할 때도 있겠죠?

**아가톤**       (마주보며 함께 웃는다.)

**철학도 트라이** 그렇게 생각하면 모든 것이 의심스럽기도 한데, 소크라테스 선생님을 보면서 꾸준히 나아가고 있는 나를 믿어주고 응원해줘야겠다는 생각이 들었어요. 어쨌든 저도 저에게 좋은 삶, 의미 있는 삶을 향한 생각을 멈추지는 않을 테니까요. 멈추지 않아서 어려움도 겪고 좌절도 하겠지만, 움직이지 않으면 제가 부족하고 모자란 부분이 무엇이고 어떻게 달라질 수 있는지, 제 달라진 모습이 또 무엇에 눈 뜨게 해줄지 아예 알 수가 없겠죠.

**아가톤**       무엇인가에 부딪히면, 그때는 또 그때 나름의 대화를 나눌 수 있지 않을까요? 아, 디오티마님이 트라이님을 계속 기다리고 있네요. 이제 정말 인사해야겠어요.

**철학도 트라이** 아가톤님, 만나서 반가웠어요. 함께 생각하면서 즐거웠고 많이 배웠어요. 덕분에 생각하는 일이 이렇게 어렵고, 또 그만큼 자유롭고 활기찬 일이라는 것을 비로소 느낄 수 있었어요.

**아가톤** 저도 만나서 반가웠습니다, 트라이님. 하지만 트라이님의 그 인사는 아마 제가 아니라 소크라테스 선생님이 들으셔야 할 인사 같네요.

**철학도 트라이** 살아가며 생각하는 동안, 그리고 그 생각이 절 자유롭게 해줄 때 늘 선생님과 아가톤님, 여기서 만난 사람들이 떠오를 거예요.

**아가톤** 트라이님, 또 만나기를 고대하겠습니다. 함께 만나 함께 철학을 하게 되어 기뻤어요.


# 소크라테스의
# 유산


사람에게는 철학적으로 생각할 수 있는 힘이 있고, 덕분에 지금의 생각은 바뀔 수 있으며, 생각이 바뀌면 행동이 바뀌고 삶이 바뀐다. 무엇보다 내가 나에 대해 느끼고 평가하고 기대하는 것도 달라진다. 우리의 생각, 행동, 삶은 늘 진행 중이다. 그리하여 끝을 단언할 수 없는 우리의 활동은 자주 어렵게 느껴질 것이고 때로는 좌절할 수도 있다. 철학 활동에서 만나게 되는 어려움, 숱한 함정과 탈선의 유혹 앞에서 소크라테스와의 대화와 소크라테스의 물음이 나 자신의 철학적 활동과 철학적 삶에 불을 밝혀줄 것이다. 다음의 세 가지 물음을 항상 기억하도록 하자.

1. 나는 영혼에 유익한 삶을 살고 있는가?
2. 나는 독백하듯 살고 있는가, 대화하듯 살고 있는가? 다시 말해 내가 하는 말이 전부이고 내가 하는 말로 이야기가 마무리되어야 한다는 태도로 자신의 믿음 안에만 갇혀 살고 있는 것은 아닌가?
3. 나는 어떤 삶을 향할 것인가?

# 나의 철학하기

### 나의 삶에서 나의 문제와 함께하기

**철학도 트라이**  디오티마님, 기다리게 해서 죄송해요. 인사가 길어졌네요. 오

랜만이에요.

**디오티마**  철학도 트라이님, 그동안 잘 지내셨나요? 소크라테스님과 함

께한 시간은 어떠셨나요?

**철학도 트라이**  소크라테스 선생님이 돌아가시는 것까지 직접 경험하게 될 줄

은 몰랐어요.

**디오티마**  많이 놀라셨나요? 그렇지만 그것이 바로 소크라테스님의 삶인

걸요.

**철학도 트라이**  옆에서 직접 대화하면서 이곳에서 살다보니까, 저도 모르게 정이 많이 들기도 하고 여기가 현실 세계인 줄 알았나 봐요. 그래도 많이 느끼고 배웠어요. 철학의 세계가 더 이상 낯설지만은 않아요. 저 자신에 대해 다시 생각할 용기도 생기고요.

**디오티마**  철학도 트라이님께서 그렇게 말씀해주시니 저도 보람을 느낍니다. 철학의 세계는 광대하고 아름답죠. 그럼, 지금부터 수료 후 점검 과정을 진행하겠습니다.

**철학도 트라이**  점검이요? 설마 지금 시험 보는 거예요? 아, 내가 왜 이 생각을 못했지. 현실에서도 과정을 마치면 항상 시험을 봤는데.

**디오티마**  시험은 아닙니다. 저희는 철학도 트라이님을 시험에 들게 하지 않습니다. 다만 원래 계시던 곳으로 돌아가시려면 절차가 필요해요.

**철학도 트라이**  무슨 절차요?

**디오티마**  철학도 트라이님의 생각하는 힘이 충분히 강해졌는지를 살펴보는 절차라고 할까요? 처음에도 그렇고, 소크라테스님과의 오픈 클래스에도 신청서를 쓰는 단계가 있었잖아요. 이제 처음철학 과정을 마치고, 철학도 트라이님이 더 적극적으로 자기 문제를 마주보고 대화하려는 단계니까 '나 자신을 위한 철학 오픈 클래스'의 신청서를 쓰시면 됩니다.

**철학도 트라이**  '나 자신을 위한 철학 오픈 클래스'요?


처음 우리가 철학 여행을 떠난 이유는 나 자신의 삶의 문제 때문이었다. 이제 우리는 다시 그 출발점으로 돌아가려 한다. 당신의 물음은 무엇인가? 당신에게 찾아오는 물음은 무엇인가? 어떤 생각이나 함정이 당신을 자유롭게 생각하지 못하게 하는가? 당신의 물음과 답변은 자신의 삶을 잘 돌보는 목적을 잊지 않고 있는가? 소크라테스의 중요한 물음을 기억하면서, 나 자신과의 대화를 향해 떠나보자. 멈추지 않고 스스로를 돌보며 나아가는 나 자신의 여정을 응원하며.

# '나 자신을 위한 철학 오픈 클래스' 신청서

• 당신의 문제는 무엇입니까?


• 그것을 왜 문제라고 생각하시나요?


• 문제를 다루기 위해 어디서부터 어떻게 접근하면 좋을까요?
  (혹시 내가 가지고 있던 생각 중에 나를 더 좁은 시야로 몰고 가는 잘못된 가정, 전제, 믿음은
  없을까요? 내가 문제를 설명하는 말이나 말의 관계 속에 적절하지 못한 것은 없을까요? 모든
  것이 적절하다면 이제부터 생각할 일은 무엇인가요?)


• 나는 내 영혼에 좋은 삶을 향해 가고 있나요? 지금 이 상황에서 좋은 삶을 향하는
  발걸음을 내딛는다면, 그 첫걸음이 될 수 있는 것은 무엇일까요?


신청인 _____ 은 나 자신과 대화하며 차근차근 이 문제를 풀어나가기 위해 '나
자신을 위한 철학 오픈 클래스'를 신청합니다.

날짜: 년 월 일
서명: (인)

# 7장
# 핵심내용

- 철학하는 삶을 살기 위해 반드시 소크라테스처럼 죽음을 무릅써야 하는 것은 아니다. 소크라테스처럼 살 수는 없어도 우리 역시 철학을 할 수 있고, 철학하는 삶을 살 수 있다.

- 사람에게는 철학적으로 생각할 수 있는 힘이 있고, 덕분에 지금의 생각은 바뀔 수 있으며, 생각이 바뀌면 행동이 바뀌고 삶이 바뀐다.

- 때로는 잠시 생각을 쉬어도 좋다. 그러나 계속 스스로 생각하기를 선택하는 용기가 필요하다.

- 소크라테스의 중요한 물음을 기억하면서, 나 자신과의 대화를 향해 떠나보자.

# 7장
# 참고문헌 및 자료

✦

a (286쪽). 플라톤의 저서 『소크라테스의 변론』 33b의 내용을 각색했다.

## 1. 소크라테스의 생애와 사상

Plato, edited by John M. Cooper, associate editor D. S. Hutchinson,
『Plato: Complete works』, Hackett, 1997
플라톤, 이상인 옮김, 『메논』, 아카넷, 2019
플라톤, 박종현 옮김, 『국가』, 서광사, 2005
플라톤, 천병희 옮김, 『테아이테토스』, 숲, 2017
플라톤, 박희영 옮김, 『향연』, 문학과지성사, 2003
플라톤, 한경자 옮김, 『라케스』, 이제이북스, 2014
플라톤, 김태경 옮김, 『소피스테스』, 한길사, 2000
플라톤, 김인곤 옮김, 『고르기아스』, 이제이북스, 2014
플라톤, 박종현 옮김, 『에우티프론, 소크라테스의 변론, 크리톤, 파이돈』, 서광사,
2003
크세노폰, 천병희 옮김, 『소크라테스 회상록』, 숲, 2018

## 2. 소크라테스의 생애와 사상에 대한 해설서

루이-앙드레 도리옹, 김유석 옮김, 『소크라테스』, 이학사, 2009

C. C. W. 테일러, 문창옥 옮김, 『소크라테스』, 시공사, 2001

폴 존슨, 이경아 옮김, 『그 사람, 소크라테스』, 이론과실천, 2013

고트프리트 마르틴, 이강서 옮김, 『대화의 철학 소크라테스』, 한길사, 2004

장 폴 몽생, 안 르 브라스 그림, 박아르마 옮김, 『죽음, 그 평화롭고 아름다운 영혼의
여행, 소크라테스』, 함께읽는책, 2012

장영란, 『소크라테스를 알라』, 살림출판사, 2012

제임스 A. 콜라이아코, 김승욱 옮김, 『소크라테스의 재판』, 작가정신, 2005

크리스토퍼 필립스, 안시열 옮김, 『소크라테스 카페』, 김영사, 2001

W. K. C. 거스리, 박종현 옮김, 『희랍 철학 입문』, 서광사, 2011

칼 야스퍼스, 전양범 옮김, 『위대한 철학자들』, 동서문화사, 2009

## 3. 이 책에서 언급된 다른 철학서

마르틴 하이데거, 이기상·김재철 옮김, 『철학입문』, 까치, 2006
아리스토텔레스, 김진성 옮김, 『형이상학』, 이제이북스, 2007
임마누엘 칸트, 백종현 옮김, 『순수이성비판 1, 2』, 아카넷, 2006
호세 오르테가 이 가세트, 정동희 옮김, 『철학이란 무엇인가』, 민음사, 2006
칼 야스퍼스, 황문수 옮김, 『현대의 이성과 반이성』, 사상사, 1992

## 4. 이 책에서 언급된 철학 입문서

나이절 워버턴, 최희봉 옮김, 『철학의 근본문제에 관한 10가지 성찰』, 자작나무, 2016
버트런드 러셀, 최광렬 옮김, 『일반인을 위한 철학』, 집문당, 1993
버트런드 러셀, 서상복 옮김, 『서양철학사』, 을유문화사, 2009
브렌던 윌슨, 전대호 옮김, 『심플리 필로소피』, 한울, 2007
스티븐 로, 하상용 옮김, 『철학학교』, 창비, 2004
존 윌슨, 윤희원 옮김, 『논리내공』, 이제이북스, 2004
노야 시게키, 이재연 옮김, 『논술을 잘하려면 논리부터 확실히!』, 새날, 2008

## 5. 기타 참고문헌

아리스토파네스, 천병희 옮김, 『아리스토파네스 희극』, 단국대학교출판부, 2004
아가사 크리스티, 공경희 옮김, 『봄에 나는 없었다』, 포레, 2014

## 6. 독자의 철학함을 위한 입문용 추천서

오가와 히토시, 안소현 옮김, 『철학의 교실』, 파이카, 2011
노야 시게키, 양억관 옮김, 『처음 생각할 때처럼』, 세종서적, 2003

~~~~~~~~~~~~~~~~~~~~~~~~~~~~~~~~~

## 철학함으로써 문제와 마주하기를

철학도 트라이는 집으로 돌아가지만 문제가 해결된 것은 아니다. 칼 포퍼(Karl Popper)는 "삶은 문제 해결의 연속"이라고 말한다. 우리가 아무리 열심히 철학을 해도 삶의 문제가 다 해결되는 것은 아니다. 삶이 계속되는 만큼 문제도 계속 생겨나니까.

소크라테스는 우리가 어떻게 지금의 한계를 넘어서 나 자신을, 다른 사람을, 세계를 만날 수 있는지를 보여주었다. 세계는 언제나 새롭게 그려질 수 있으며, 그래서 경이롭고 다채롭다. 그러나 다른 한편으로 소크라테스는 우리가 아주 많은 오해와 착각, 오류와 함께하고 있음을 깨닫게 한다. 그런 어려움은 세간의 상식, 지금까지의 나를 합리화하고 변호하는 유창한 말, 자기기만적 믿음에 기대어서는 결코 넘어설 수 없다. 철학은 헛된 공상에서 깨어나 현실을 직시하고 문제와 함께 살게 한다.

그래서 철학은 언제나 우리를 홀로 서게 한다. 현실을 직시하고 스스로 생각해야 하기 때문이다. 그러나 동시에 철학은 우리를 혼자 내버려두지 않는다. 내 생각은 언제나 삶의 조건 속에서 생겨나며, 다른 사람의 생각과 맞닿아 있기 때문이다. 앞으로도 자기 자신을 포함한 많은 사람의 생각과 대화하며 생각의 힘을 펼치고 키워서 내게 생겨나거나 내가 만들어내는 많은 문제와 함께 사는 법을 모색해보자. 우리의 삶은 '문제와 함께 사는 삶'이니까.

고민하는 당신이 철학함을 통해 많은 것을 있는 그대로 마주하고 만나갈 힘을 기를 수 있다면 좋겠다. 자기 자신을 포함한 세계를 너무 불신하지도 맹목적으로 믿지도 않고, 특별히 사랑하지도 특별히 깎아내지도 않으면서, 할 수 있는 것을 할 수 있는 만큼 하면서 할 수 있음의 폭을 조금씩 넓혀갈 수 있기를 바란다.

철학하는 기쁨과 자유는 사유의 동반자와 함께할 때 더 잘 알게 된다. 철학하는 법을 알려주신 여러 선생님들, 학생 여러분과 아이디어를 준 상애, 찬양 그리고 언제나 곁에서 함께 고민해온 친구들, 소크라테스와의 대화를 있게 한 원앤원북스 편집팀에게도 진심으로 감사의 마음을 전한다. 특히 생각을 넓히는 대화부터 원고를 검토하는 일까지, 이 책을 쓰는 동안 커다란 도움과 지지를 아끼지 않은 사유의 동반자 유미, 재민, 준행, 두호에게 깊은 감사와 신뢰를 전한다. 계속되는 삶과 고민만큼 우리의 철학하는 힘도 더욱 넓고 깊어지길.

철학은 언제나 우리를 홀로 서게 한다.

현실을 직시하고 스스로 생각해야 하기 때문이다.

그러나 동시에 철학은 우리를 혼자 내버려두지 않는다.

**소크라테스 씨,
나는 잘 살고 있는 걸까요?**

초판 1쇄 발행  2020년 6월 15일

지은이 | 허유선
펴낸곳 | 믹스커피
펴낸이 | 오운영
경영총괄 | 박종명
편집 | 이광민 최윤정 김효주 강혜지 이한나
디자인 | 윤지예
마케팅 | 송만석 문준영
등록번호 | 제2018-000146호(2018년 1월 23일)
주소 | 04091 서울시 마포구 토정로 222 한국출판콘텐츠센터 319호(신수동)
전화 | (02)719-7735 팩스 | (02)719-7736
이메일 | onobooks2018@naver.com 블로그 | blog.naver.com/onobooks2018
값 | 16,000원

ISBN  979-11-7043-089-6 03100

* 믹스커피는 원앤원북스의 인문·문학·자녀교육 브랜드입니다.
* 잘못된 책은 구입하신 곳에서 바꿔 드립니다.
* 이 책은 저작권법에 따라 보호받는 저작물이므로 무단 전재와 무단 복제를 금지합니다.
* 원앤원북스는 독자 여러분의 소중한 아이디어와 원고 투고를 기다리고 있습니다. 원고가 있으신 분은
  onobooks2018@naver.com으로 간단한 기획의도와 개요, 연락처를 보내주세요.

이 도서의 국립중앙도서관 출판예정도서목록(CIP)은 서지정보유통지원시스템 홈페이지(http://
seoji.nl.go.kr)와 국가자료종합목록 구축시스템(http://kolis-net.nl.go.kr)에서 이용하실 수 있습
니다.(CIP제어번호 : CIP2020018058)